¡Arriba la **Lectura!**™

*mi*Libro ②

¡Arriba la **Lectura!**™
HMH

mi Libro 2

Autores y asesores

Alma Flor Ada • Kylene Beers • F. Isabel Campoy
Joyce Armstrong Carroll • Nathan Clemens
Anne Cunningham • Martha C. Hougen
Elena Izquierdo • Carol Jago • Erik Palmer
Robert E. Probst • Shane Templeton • Julie Washington

Consultores

David Dockterman • Mindset Works®
Jill Eggleton

¡Recibe una cordial bienvenida a *miLibro*!

¿Te gusta leer diferentes clases de textos por diferentes razones? ¿Tienes un género o un autor favorito? ¿Qué puedes aprender de un video? ¿Piensas detenidamente en lo que lees y ves?

Estas son algunas sugerencias para que obtengas el máximo provecho de lo que lees y ves, mientras interactúas con textos de manera significativa:

Establece un propósito ¿Cuál es el título? ¿Cuál es el género? ¿Qué quieres aprender de este texto o video? ¿Qué te parece interesante?

Lee y toma notas A medida que lees, subraya y resalta palabras e ideas importantes. Toma notas de todo lo que quieras saber o recordar. ¿Qué preguntas tienes? ¿Cuáles son tus partes favoritas? ¡Escríbelo!

Haz conexiones ¿Cómo se relaciona el texto o el video con lo que ya sabes o con otros textos o videos que conoces? ¿Cómo se relaciona con tu propia experiencia o con tu comunidad? Expresa tus ideas y escucha las de los demás.

¡Concluye! Repasa tus preguntas y tus notas. ¿Qué fue lo que más te gustó? ¿Qué aprendiste? ¿Qué otras cosas quieres aprender? ¿Cómo vas a hacerlo?

Mientras lees los textos y ves los videos de este libro, asegúrate de aprovecharlos al máximo poniendo en práctica las sugerencias anteriores.

Pero no te detengas aquí. Identifica todo lo que quieras aprender, lee más sobre el tema, diviértete y ¡nunca dejes de aprender!

Las maravillas de la naturaleza

"Se siente crecer la vida admirando los contornos de la naturaleza."

— José Martí

¿Por qué las maravillas naturales de la Tierra son únicas y fascinantes?

Video de
Mentes
curiosas
▶

Palabras acerca de las maravillas naturales

Las palabras de la tabla te ayudarán a hablar y escribir sobre las selecciones de este módulo. ¿Cuáles de las palabras acerca del mundo natural ya has visto antes? ¿Cuáles son nuevas para ti?

Completa la Red de vocabulario de la página 13. Escribe sinónimos, antónimos y palabras y frases relacionadas para cada palabra acerca del mundo natural.

Después de leer cada selección del módulo, vuelve a la Red de vocabulario y añade más palabras. Si es necesario, dibuja más recuadros.

PALABRA	SIGNIFICADO	ORACIÓN DE CONTEXTO
pintoresco (adjetivo)	Si un paisaje es pintoresco, es tan bonito que podría ser un cuadro.	El arrecife pintoresco se destaca sobre la larga costa.
paisaje (sustantivo)	Un paisaje es un terreno que tiene características propias.	El paisaje de un bosque tiene muchos árboles.
cañón (sustantivo)	Un cañón es un valle profundo con laderas empinadas.	Cuando miró hacia abajo desde el cañón, se mareó.
accidente geográfico (sustantivo)	Un accidente geográfico es un elemento natural de la superficie de la tierra, por ejemplo, una montaña.	El accidente geográfico más alto del mapa es el monte Everest.

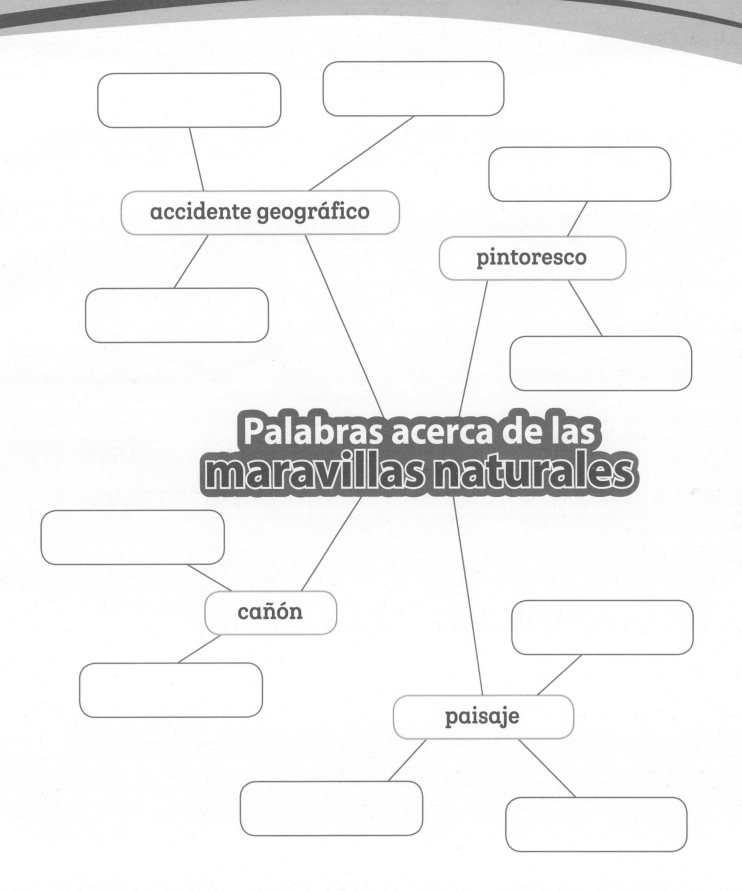

accidente geográfico

pintoresco

Palabras acerca de las
maravillas naturales

cañón

paisaje

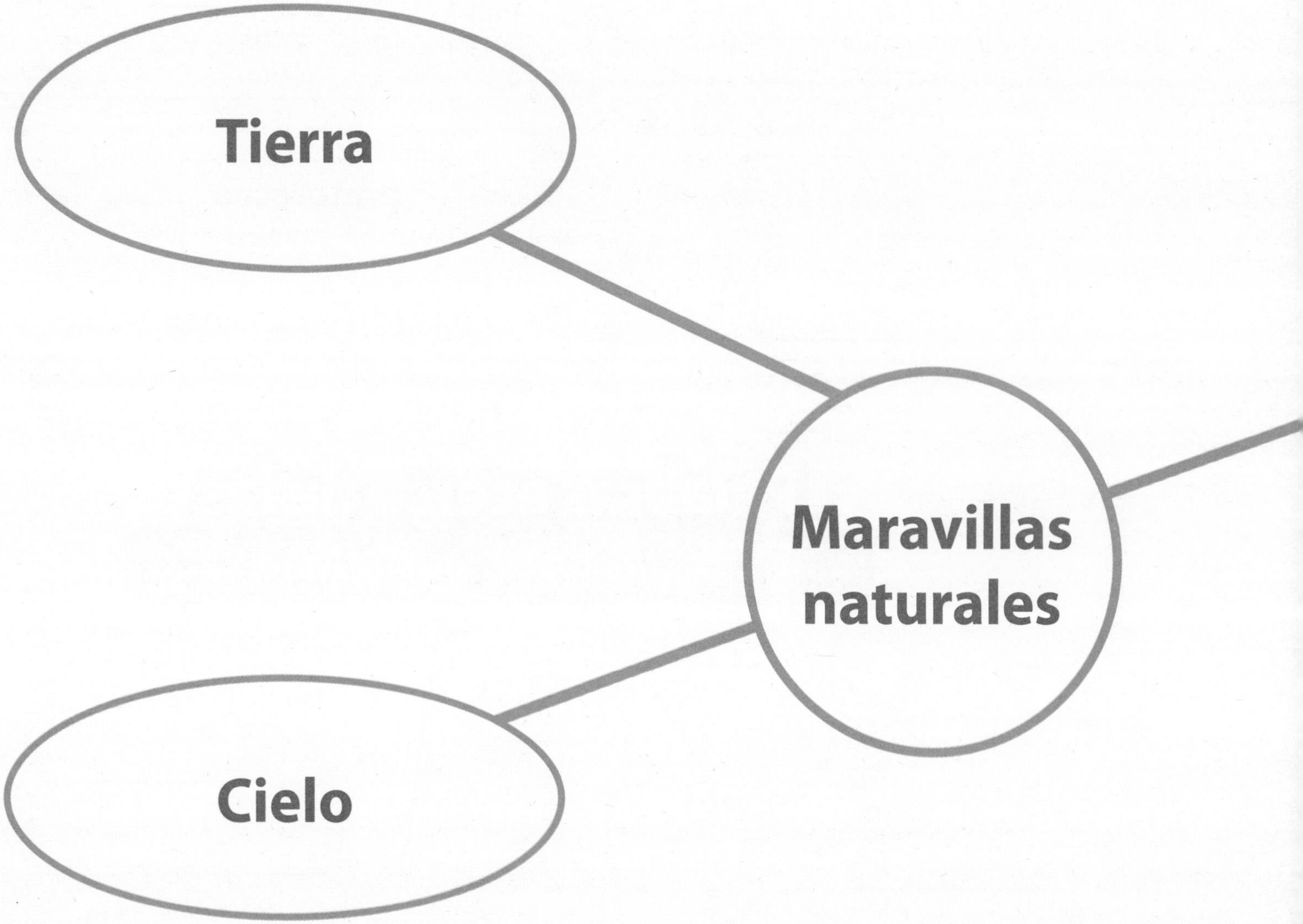

Tierra

Maravillas naturales

Cielo

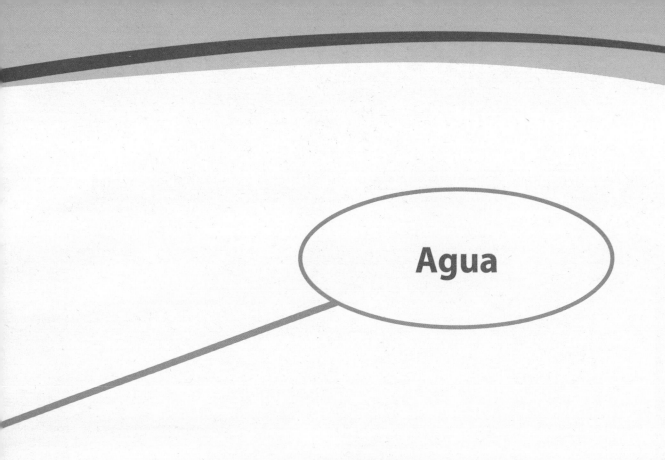

Agua

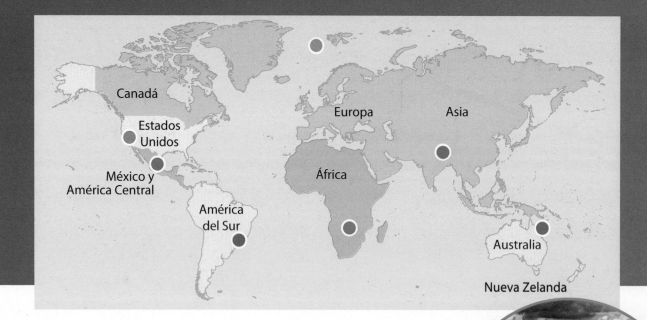

Lectura breve

Las siete maravillas naturales

maravilla

s. **Algo extraordinario y asombroso**

1 El mundo está lleno de maravillas: lugares extraordinarios con fenómenos naturales sorprendentes. Hay siete de estas maravillas naturales que son únicas. Se las conoce como las siete maravillas naturales del mundo.

Canadá

Estados Unidos

México y América Central

América del Sur

Europa

Asia

África

Australia

Nueva Zelanda

● El Gran Cañón

2 El Gran Cañón de Arizona tiene más de una milla de profundidad y 200 millas de longitud. El cañón ofrece vistas impresionantes de la naturaleza. Pero sus coloridas capas de roca son algo más que un espectáculo: ofrecen a los geólogos pistas valiosas acerca del pasado de nuestro planeta.

● Paricutín

3 Esta maravilla natural surgió de la tierra a la vista de todos, literalmente. En 1943, un agricultor mexicano se maravilló al ver que el paisaje de su granja cambiaba ante sus ojos: salió un volcán de su maizal. ¡Y alcanzó los 1,000 pies de altura en apenas 10 meses!

La bahía de Río de Janeiro

4   La bahía de Río de Janeiro, en Brasil, es la bahía profunda más grande del mundo. Una franja de montañas majestuosas rodea la costa y ofrece vistas pintorescas. El contraste vertical entre los picos imponentes, las playas doradas y los valles profundos de más abajo es espectacular.

Aurora boreal

5   La aurora boreal ilumina el cielo nocturno del Polo Norte con una fiesta de luces naturales coloridas. Se produce cuando partículas cargadas chocan con los gases de la atmósfera de la Tierra.

Las cataratas Victoria

6   Las cataratas Victoria de Zambia, África, son unas de las cataratas más grandes del mundo, con más de 5,000 pies de ancho. Una bruma espesa flota a más de 1,300 pies por encima de las cataratas. La bruma dio a las cataratas su nombre original: "El humo que truena".

El monte Everest

7   La cima del monte Everest es el punto más alto del planeta. La actividad tectónica creó este accidente geográfico hace mucho tiempo, cuando chocaron dos placas enormes en lo profundo de la corteza terrestre. La colisión hizo que la tierra que estaba encima de las placas subiera cada vez más. Hoy en día, solo los aventureros más valientes se animan a escalar hasta la cima del mundo.

La Gran Barrera de Coral

8   La Gran Barrera de Coral se extiende más de 1,000 millas a lo largo de las aguas que se encuentran frente a la costa australiana. El arrecife está formado por esqueletos de criaturas marinas diminutas llamadas *pólipos de coral*. Este arrecife es uno de los pocos seres vivos de la Tierra que se ven desde el espacio.

Prepárate para leer

ESTUDIO DEL GÉNERO Los **textos informativos** incluyen datos y ejemplos acerca de un tema.

- Uno de los propósitos de los autores de los textos informativos es presentar datos acerca de un tema.

- Los autores suelen organizar las ideas con títulos y subtítulos para indicar de qué tratará la siguiente sección.

- A continuación de cada título, los autores pueden organizar el texto según las ideas principales y apoyarlas con detalles clave como datos, definiciones, ejemplos o citas.

- Los textos informativos incluyen características del texto y elementos gráficos, como letras destacadas, leyendas o pies de foto, palabras clave, letra y mapas.

ESTABLECER UN PROPÓSITO **Piensa en** los extremos de la naturaleza. La fosa de las Marianas es el lugar más profundo de la Tierra. ¿Qué quieres saber sobre ella? Escribe tus ideas abajo.

Desarrollar el contexto:
Los arrecifes de coral

VOCABULARIO CRÍTICO

fosa

cumbre

prehistóricos

emiten

vitales

tripulado

sumergible

remota

autónomos

LA FOSA DE LAS MARIANAS

por Michael Woods
y Mary B. Woods

CHINA

JAPÓN

ISLAS
MARIANAS

FILIPINAS

FOSA DE LAS MARIANAS

AUSTRALIA

NUEVA
ZELANDA

OCÉANO
PACÍFICO

ESTADOS UNIDOS

1   Muchas personas saben que el lugar más alto de la Tierra es la cima del monte Everest. Esta famosa montaña tiene una altura de 29,035 pies (8,850 m) sobre el nivel del mar. Está ubicada en la cordillera del Himalaya, cerca de la frontera entre China y Nepal. Pero ¿cuántas personas saben cuál es el lugar más bajo del mundo? Ese lugar se encuentra en las profundidades de la fosa de las Marianas, un valle ubicado en el fondo del océano Pacífico. La fosa está justo al este de las islas Marianas, al sudeste de China y Japón.

fosa	Una fosa es una hendidura o zanja profunda y alargada.

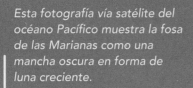

Esta fotografía vía satélite del océano Pacífico muestra la fosa de las Marianas como una mancha oscura en forma de luna creciente.

21

2 Esta enorme fosa se extiende por unas 1,554 millas (2,500 kilómetros), de un extremo al otro. Es más o menos la misma distancia que hay entre la Ciudad de Nueva York y Denver, Colorado. En promedio, la fosa mide unas 45 millas (72 km) de ancho. Una persona tardaría unas diez horas en llegar de un lado al otro caminando a paso rápido.

3 Dentro de esa hendidura, en el fondo del océano, está el abismo Challenger, el lugar más profundo del mundo. Se encuentra a 210 millas (338 km) de la isla de Guam. Está a unos 36,000 pies (11,000 m) bajo el nivel del mar, es decir, a casi 7 millas (11 km) de profundidad. Si el monte Everest estuviera en el abismo Challenger, la cima de la montaña aún estaría bajo el agua, a 7,000 pies (2,134 m) de la superficie.

En esta imagen vía satélite, las áreas más profundas de la fosa de las Marianas se ven de color azul oscuro.

El monte Everest, el lugar más alto de la Tierra, se encuentra en la frontera entre Nepal y el Tíbet.

El pez linterna tiene zonas luminosas debajo de los ojos.

CRIATURAS EXTRAÑAS

4   Las condiciones son muy extremas en la cumbre del monte Everest. La temperatura promedio es –33 °F (–36 °C), y en invierno, hay vientos de más de 100 millas (161 km) por hora. Así y todo, muchos escaladores han llegado a la cima y han vivido para contarlo.

5   Pero ningún ser humano, ni siquiera un buceador experto, podría sobrevivir en el medio ambiente del abismo Challenger. En ese mundo de oscuridad total, la temperatura es aproximadamente 36 °F (2 °C). El cuerpo humano deja de funcionar rápidamente en aguas tan frías como esas. Además, en el fondo del océano, el peso del agua aplastaría a cualquier persona. El agua es pesada. Una jarra de 1 galón (4 litros) de leche contiene unas 8 libras (3.6 kilogramos) de agua. En la parte más profunda del océano, el agua podría hacer presión hacia abajo con más fuerza que cientos de elefantes.

> **cumbre**   La cumbre de una montaña es la cima, o la parte más alta.

¿Alguna vez te lo has preguntado?

¿Por qué está todo tan oscuro en las profundidades del océano? En los océanos, cuanto más profundo vas, más oscuro está. El agua absorbe y dispersa la luz solar. Por lo tanto, queda muy poca luz después de los 660 pies (201 m). Pasada esa profundidad, hay una zona de penumbra, donde el ojo humano no distingue los colores. Esta zona de luz muy débil continúa hacia abajo hasta aproximadamente 3,300 pies (1,006 m). La zona de la medianoche, que va desde allí hacia abajo, está totalmente a oscuras.

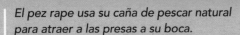

El pez rape usa su caña de pescar natural para atraer a las presas a su boca.

6   Sin embargo, los seres vivos crecen muy bien en la fosa de las Marianas. Algunas criaturas se parecen a los monstruos de las películas de aventuras submarinas y otras parecen supervivientes de tiempos prehistóricos. El cuerpo de estos animales y plantas está preparado para vivir en ambientes extremos. Algunos emiten una luz brillante, igual que las luciérnagas. Esta propiedad se llama bioluminiscencia. Las criaturas usan esa luz para atraer a sus presas.

7   Los peces rape tienen una especie de caña de pescar incorporada que es bioluminiscente. En algunos de estos peces, la caña es como una antena que sale de arriba de la cabeza. Esta vara brilla en las aguas oscuras y el pez rape la mueve para atraer otros peces. Cuando se acerca un pez, el rape lo atrapa con su enorme boca llena de dientes largos y afilados como agujas.

8   En la fosa de las Marianas también vive el pez linterna. Al igual que el rape, tiene bioluminiscencia. El pez linterna acecha en las aguas profundas, encendiendo y apagando su luz. Cuando se acerca algún pez curioso, ¡lo convierte en su cena!

9   En la fosa de las Marianas viven ciertos tipos de cangrejos y bacterias. Algunas de estas criaturas se conocieron por primera vez hace relativamente poco, durante exploraciones de las profundidades oceánicas. Esto se debe a que estas criaturas no pueden vivir en otro lugar. Las temperaturas y la presión extremas del océano profundo son vitales para estos organismos.

"Un mundo tan extraño como Marte"

—William Beebe (explorador), al describir las profundidades del océano después de establecer un récord mundial en 1934 al bucear hasta los 3,028 pies (923 m) de profundidad en un sumergible (submarino pequeño)

---

prehistóricos   Algo prehistórico es muy antiguo, anterior a la historia escrita.

emiten   Emitir algo es generarlo, producirlo o enviarlo.

vitales   Las cosas que son vitales son muy necesarias o importantes.

EL CHALLENGER LLEGA BIEN PROFUNDO

10 La fosa de las Marianas fue descubierta en 1875. Los científicos del barco HMS *Challenger* trabajaban con una máquina que medía la profundidad del océano en diferentes lugares. Con esta máquina, desenrollaban un cable que tenía un gran peso en el extremo. Luego medían la longitud del cable desenrollado con cuadrantes. Cuando el peso tocaba fondo, los científicos podían saber cuál era la profundidad del fondo del océano. Usando ese método tan simple, se dieron cuenta de que el agua era extremadamente profunda cerca de las islas Marianas.

11 En 1951, el HMS *Challenger II*, un buque de la Marina Real británica, regresó al mismo lugar con un aparato moderno para hacer mediciones: la ecosonda, o sonar. El aparato envía ondas de sonido que rebotan contra las superficies, como el fondo del océano. Los científicos midieron el tiempo que tardaban las ondas en rebotar desde el fondo del mar hasta el barco. Eso les indicó la profundidad del océano. Usando la ecosonda, el *Challenger II* pudo crear un mapa de toda la fosa de las Marianas. El punto más profundo estaba a 35,760 pies (10,900 m). Los científicos lo llamaron abismo Challenger en honor al barco.

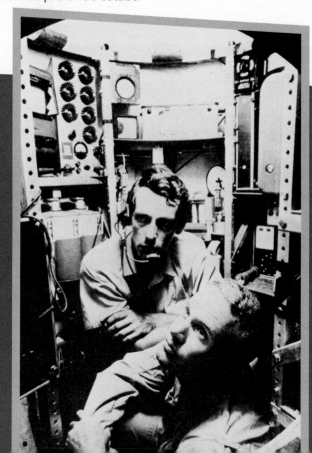

La Luna y las Marianas

Doce astronautas estadounidenses han llegado a la Luna. Exploraron la superficie de la Luna en las décadas de 1960 y 1970, durante el programa espacial Apolo. Sin embargo, solo dos personas han estado en el lugar más profundo del planeta. Don Walsh (abajo, a la derecha) y Jacques Piccard (arriba, a la derecha) pasaron solo veinte minutos allí, durante su descenso en el sumergible *Trieste*, en 1960.

Un sumergible tripulado recoge muestras en el fondo de la fosa de las Marianas con un brazo robótico.

12   El abismo Challenger pudo verse por primera vez en 1960. Ese año, el científico Jacques Piccard y el teniente de la Marina estadounidense Don Walsh viajaron hasta el fondo del océano a bordo del *Trieste*, un vehículo sumergible. Los submarinos pequeños de este tipo se construyen para que puedan resistir las presiones extremas del fondo oceánico. Suelen contar con instrumentos científicos para explorar las profundidades. Piccard y Walsh hallaron un punto más profundo que el que había encontrado el *Challenger II*, a 35,813 pies (10,916 m) bajo la superficie. También observaron pequeños peces cerca del fondo del océano.

13   Desde entonces, los oceanógrafos han usado otros vehículos e instrumentos para explorar las profundidades oceánicas. Algunos son vehículos controlados de forma remota, o ROV, por sus siglas en inglés. Otros son vehículos submarinos autónomos, o AUV, por sus siglas en inglés. Estos vehículos pueden explorar el océano por sí mismos, sin estar conectados con ningún barco. Los AUV funcionan mediante computadoras incorporadas y registran datos de las zonas que exploran.

14   En la década de 1990, varios ROV japoneses exploraron la fosa de las Marianas. Observaron camarones, poliquetos y otros seres vivos. El ROV *Kaiko* tomó muestras de lodo del fondo de la fosa para que las estudiaran los científicos. En esas muestras, los científicos hallaron unos organismos diminutos que son los seres vivos que viven en el lugar más profundo del planeta.

tripulado   Si un vehículo es tripulado, lo conduce una persona.
sumergible   Si algo es sumergible, puede estar o funcionar debajo del agua.
remota   Si manejas algo de forma remota, lo controlas desde lejos.
autónomos   Los aparatos autónomos se controlan a sí mismos.

PLACAS PROFUNDAS

15   La fosa de las Marianas es tan profunda debido al movimiento de la superficie terrestre, que está formada por muchas placas enormes de roca. La corteza terrestre, o capa exterior, forma la superficie de cada placa. La base de cada paca es parte del manto terrestre, la capa gruesa que está debajo de la corteza. Las placas flotan en una capa de roca blanda del manto. Mientras las placas flotan, sus bordes se rozan cuando pasan unas junto a otras, y también se chocan entre sí.

16   En la fosa de las Marianas, hay una pesada placa de roca en el fondo del océano que hace presión contra una placa de roca más liviana. Cuando esto ocurre, la placa oceánica más pesada se hunde en el manto y forma un ángulo empinado. El fondo de la fosa de las Marianas es el lugar donde la placa pesada de roca se mueve hacia abajo, al interior del manto.

> **"Es como un espejo mágico".**
> — *Andy Rechnitzer, el oceanógrafo que planificó la primera expedición de buceo a la fosa de las Marianas en 1960, en su descripción del extraño mundo de las profundidades oceánicas*

17   Los movimientos de las placas han formado más de veinte fosas oceánicas en distintas partes del mundo. La fosa de Puerto Rico, por ejemplo, es el lugar más profundo del océano Atlántico. Está ubicada al norte de la isla de Puerto Rico. La fosa tiene unas 5 millas (8 km) de profundidad y 1,100 millas (1,770 km) de longitud.

La vía rápida de las Marianas

Los submarinos navales que patrullan los océanos del mundo prefieren estar en aguas profundas. Allí es más difícil que los enemigos los detecten. Por eso, los submarinos estadounidenses y rusos, entre otros, suelen usar la fosa de las Marianas como una vía rápida. La fosa es la ruta principal de norte a sur que usan los submarinos en el océano Pacífico.

En la fosa de las Marianas, el movimiento de las placas oceánicas hacia el interior del manto terrestre formó muchos volcanes submarinos. Este acantilado ubicado cerca de la fosa de las Marianas muestra capas de cenizas claras y oscuras que se depositaron en el fondo del océano durante erupciones volcánicas.

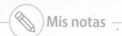

La fosa de las Marianas no está amenazada por la acción humana. Pero cerca, en las islas Marianas, viven muchas especies de peces y plantas marinas que están en peligro de extinción. En 2009, se creó el Monumento Marino Nacional de la Fosa de las Marianas. Su fin es proteger las islas Marianas, la fosa y los volcanes submarinos.

PREOCUPACIÓN POR EL FUTURO

18   El futuro de la fosa de las Marianas parece seguro. Ni las personas ni la naturaleza amenazan su existencia. Los barcos que navegan por la zona no causan daños en la fosa. Sin embargo, los movimientos de las placas terrestres pueden llegar a producir cambios en la fosa de las Marianas. Dentro de millones de años, tal vez sea menos o más profunda. Pero seguramente seguirá siendo una maravilla que esconde muchos secretos de las profundidades.

Conversación colaborativa

Vuelve a leer lo que escribiste en la página 18. Dile a un compañero dos cosas que aprendiste del texto. Luego trabaja en grupo y comenta las preguntas de abajo. Busca detalles y ejemplos en *La fosa de las Marianas* para explicar tus respuestas. Piensen detenidamente en cada pregunta y su respuesta.

1 Repasa la página 22. ¿Qué comparaciones hacen los autores para explicar el tamaño y la profundidad de la fosa de las Marianas?

2 Vuelve a leer las páginas 24 y 25. ¿Por qué las criaturas que viven en la fosa de las Marianas son extrañas?

3 Menciona algunas formas en que los científicos han explorado la fosa. ¿Por qué es una tarea difícil?

Sugerencia para escuchar

Para estar seguro de que comprendes, repite mentalmente lo que alguien ha dicho. Luego pregúntate: "¿Estoy de acuerdo con esa idea? ¿Puedo agregar algo?".

Sugerencia para hablar

Piensa en lo que dirás antes de hablar. Señala en qué lugar del texto está la evidencia de lo que dices.

Citar evidencia del texto

Escribir un relato personal

TEMA PARA DESARROLLAR

En *La fosa de las Marianas*, aprendiste sobre el lugar más bajo del mundo. También aprendiste sobre el descenso del teniente de la Marina estadounidense Don Walsh al abismo Challenger, el punto más profundo de la fosa de las Marianas.

Imagina que eres el teniente Walsh. Usa datos y detalles tomados del texto e imaginados por ti para escribir un cuento en el que describas el descenso de Walsh a bordo del *Trieste* al lugar más profundo del planeta. Cuenta lo que él ve, siente y piensa durante toda esa experiencia. No olvides usar algunas de las palabras del Vocabulario crítico en el texto.

PLANIFICAR

Escribe datos y detalles tomados del texto y las barras laterales. Luego explica una relación de causa y efecto del texto que pudo haber visto o sentido Walsh.

LA FOSA
DE LAS MARIANAS
por Michael Woods
y Mary B. Woods

Ahora escribe tu relato desde el punto de vista del teniente Walsh.

Asegúrate de que tu relato

☐	presenta la situación y al narrador en primera persona.
☐	contiene pronombres de primera persona, como *yo, me, mí, mi* y *conmigo*.
☐	incluye datos y detalles del texto para describir la experiencia de Walsh.
☐	contiene palabras descriptivas y detalles sensoriales.
☐	termina con una oración que resuma la experiencia.

Observa y anota
Contrastes y contradicciones

Prepárate para leer

ESTUDIO DEL GÉNERO ▶ Los **textos informativos** brindan datos y ejemplos sobre un tema.

- Los autores de textos informativos quieren compartir ideas sobre un tema.

- Los autores pueden organizar sus ideas con encabezados. Los encabezados y los subtítulos indican a los lectores de qué tratará la sección siguiente.

- Los autores de textos informativos pueden organizar las ideas explicando causas y efectos.

- Los textos de ciencias también incluyen palabras que son específicas de un tema. Esas palabras nombran cosas o ideas.

ESTABLECER UN PROPÓSITO ▶ **Piensa en** las rocas que ves todos los días. Luego mira el título y la foto en la página siguiente. ¿Qué tipos de rocas piensas que aparecerán en la lectura? ¿Qué quieres saber sobre esas rocas? Escribe tus ideas abajo.

Conoce a la autora:
April Pulley Sayre

VOCABULARIO CRÍTICO

eterna

orgánica

desconcertaban

ROCAS
extrañas y extraordinarias

por April Pulley Sayre

1 Podemos llamarlas maravillas naturales. Podemos llamarlas rocas súper extrañas. En muchas áreas naturales de los Estados Unidos, la atracción principal no son los animales ni las plantas; son las rocas. Hay rocas musicales en Pennsylvania. Hay rocas que hacen un espectáculo de fuego en Nueva York, y en Texas, las rocas son las protagonistas de una instalación de arte fabulosa. ¡Sí, en serio! Las rocas no están "quietas" como pensamos. De vez en cuando, se mueven por el suelo llano del Valle de la Muerte. Sigue leyendo para descubrir estas rocas extrañas y extraordinarias.

Ringing Rocks County Park, Pennsylvania

2 En el este de Pennsylvania, hay un parque grandísimo lleno de rocas misteriosas. Cuando les das golpecitos con un martillo, tintinean como campanas. En el Ringing Rocks County Park, los turistas se divierten dando golpecitos a las piedras para escuchar su sonido. ¡Hasta hay muchos músicos que han usado el extraño sonido de las rocas en sus recitales!

3 Las piedras musicales están compuestas de diabasa, una roca ígnea, o volcánica, de color oscuro. Antes se pensaba que no todas sonaban, pero los científicos demostraron que sí. Hay rocas que producen sonidos tan bajos que el ser humano no puede oírlos.

4 Algunos científicos piensan que los niveles altos de hierro de estas rocas son los que producen el sonido. Otra teoría apunta al estrés causado por la sucesión de hielo y deshielo, pero queda mucho por estudiar acerca de estas rocas y sus sonidos. Mientras tanto, las rocas musicales son un entretenimiento estupendo.

La cascada de la llama eterna, Nueva York

5   En el parque Chestnut Ridge, en el oeste del estado de Nueva York, una pequeña llama arde en una gruta, o área hueca, debajo de… ¿una cascada? La llama probablemente arde desde hace miles de años, con algunas interrupciones. Se aconseja a los excursionistas que lleven un encendedor en caso de que esté apagada. Quizás tengan que volver a encenderla, porque a veces la llama necesita ayuda para ser "eterna".

6   La llama eterna quema gas natural. El gas se forma a partir de materia orgánica en descomposición y se filtra por las rocas de pizarra. La pizarra es un tipo de roca sedimentaria que contiene materia orgánica fosilizada, es decir, restos de plantas antiguas. El gas natural produce una llama de hasta 8 pulgadas (20 cm) de altura. La gruta protege la llama del viento y el agua.

7   También hay llamas que no se apagan en otros lugares. Muchas están cerca de minas o volcanes. Donde arde gas natural, la llama suele producirse a partir de pizarra subterránea súper caliente. Cualquiera que sea su origen, ¡una llama que arde debajo de una cascada enorme es única y maravillosa!

---

eterna   Si una cosa es eterna, no termina nunca y dura para siempre.
orgánica   Si una cosa es orgánica, está hecha de algo que está o estuvo vivo.

Las cavernas de Sonora, Texas

8 Al principio podrías creer que estás en otro planeta. ¡Lo que te rodea no puede ser de este mundo! Las cavernas de Sonora son un sistema de cuevas hermosas de siete millas de longitud ubicadas debajo de un rancho de Texas. Cuenta la leyenda que un perro encontró la entrada a las cuevas cerca del año 1900. En 1955, los exploradores de cuevas, o espeleólogos, pasaron por una cornisa que daba a una fosa profunda. Encontraron pasadizos cubiertos de cristales brillantes que formaban figuras extrañas.

9 Las cavernas se formaron gracias al movimiento lento del agua subterránea. El agua disolvió la capa de piedra caliza y se la llevó, y así se formaron las cavernas. El agua que gotea por las paredes de la cueva desde hace miles de años ha creado formaciones rocosas impresionantes.

10 El agua contiene minerales disueltos. Gota a gota, a medida que el agua cae del techo y las paredes de la caverna, los minerales se acumulan y forman estalagmitas y estalactitas. Las estalagmitas crecen desde el suelo. Las estalactitas crecen hacia abajo, desde el techo, como si fueran carámbanos de hielo. Las helictitas son estalactitas que crecen como ramas. Pueden tener forma de dientes, pajillas o alas. Algunos de los depósitos que están sobre las paredes de las cuevas parecen corales o palomitas de maíz. Estos depósitos pueden tardar siglos en formarse ¡y el proceso aún continúa!

Helictitas que crecen en la pared de la cueva ▶

39

Las piedras navegantes, Valle de la Muerte, California

11   En el Parque Nacional del Valle de la Muerte, las rocas parecen moverse solas. Dejan surcos paralelos en el lodo denso y profundo de una playa remota, que en geología también se refiere al suelo de un lago seco. Las rocas, cuyo peso varía entre unas pocas onzas y cientos de libras, pueden estar quietas durante años. De pronto, en algún momento, cientos de piedras y rocas comienzan a desplazarse por la playa al mismo tiempo. El único problema era que nadie había visto el proceso, solo los surcos que desconcertaban a todos. ¡Hasta hace poco ni los científicos sabían por qué se movían las rocas!

12   Para develar el misterio, los científicos armaron una estación climática para medir la velocidad del viento y la lluvia. Instalaron dispositivos de rastreo en rocas de varios tamaños, de hasta 36 libras. Colocaron cámaras fotográficas de *time-lapse*, o cámaras rápidas, para registrar el movimiento.

13   Con el tiempo, la lluvia y la nieve crearon una laguna temporal de pocas pulgadas de profundidad. Encima de ella se formó una capa delgada de hielo que atrapó a las rocas. El sol derritió el hielo, que se quebró en láminas grandes y delgadas que quedaron flotando. Luego un viento suave empujó las láminas de hielo, que poco a poco arrastraron las rocas y dejaron los surcos como pistas en el suelo. ¡Misterio resuelto!

desconcertaban   Si algo te desconcertaba, te sorprendía tanto que no sabías qué hacer.

14   Desde rocas musicales hasta rocas viajeras, los Estados Unidos tienen muchas maravillas naturales. Lo mejor es que estas atracciones turísticas de formaciones rocosas se pueden visitar. Pero no hace falta viajar a uno de estos lugares para descubrir rocas que hacen cosas raras. Hay rocas en otros lugares que también se mueven, emiten sonidos y cambian de forma.

15   Los ríos alisan las piedras. El viento que pasa cerca de las rocas puede hacer sonidos y silbar. El hielo del invierno, al congelarse y descongelarse, mueve las rocas en los estacionamientos y en las orillas de los lagos. Unas gotas de agua que caen lentamente sobre un escalón de piedra también pueden modificar la roca. Mira y escucha. Las rocas, con la ayuda de las fuerzas de la naturaleza como el viento, el agua, el hielo y el deshielo, pueden estar haciendo algo fascinante a metros de tu casa.

Conversación colaborativa

Vuelve a leer lo que escribiste en la página 34. Dile a un compañero lo que aprendiste en este texto. Luego trabaja en grupo y comenta las preguntas de abajo. Busca detalles en *Rocas extrañas y extraordinarias* para apoyar tus ideas. Toma notas para responder las preguntas y úsalas cuando hables. Para que avance la conversación, conecta cada idea nueva con lo que ya se ha dicho.

1. Vuelve a leer la página 37. ¿Qué detalles te ayudan a comprender cómo suenan las rocas? ¿Qué detalles te ayudan a comprender cómo se formaron?

2. Vuelve a leer la página 38. Explica qué quiso decir la autora con esta frase: "a veces la llama necesita ayuda para ser 'eterna'". ¿Por qué está entre comillas la palabra *eterna*?

3. Repasa la página 39. ¿Qué comparaciones hace la autora para ayudarte a comprender la diferencia entre las estalactitas y otras formaciones rocosas?

Sugerencia para escuchar

Cuando escuches las ideas de otra persona, piensa en cómo tus propias ideas se relacionan con ellas o las complementan.

Sugerencia para hablar

Antes de hablar, explica cómo tu comentario se relaciona con lo que ya se ha dicho o lo complementa. Cita evidencia del texto que apoye tu comentario.

Escribir una descripción

TEMA PARA DESARROLLAR

En *Rocas extrañas y extraordinarias*, aprendiste sobre unas rocas poco comunes de los Estados Unidos y qué las hace extrañas y maravillosas.

Imagina que en tu clase están haciendo un libro llamado *Datos científicos extraños* para estudiantes de primer grado. Elige una de las rocas de *Rocas extrañas y extraordinarias*. Escribe una descripción de las rocas que puedan comprender estudiantes más pequeños. Describe cómo son o cómo suenan las rocas y explica por qué son extrañas y extraordinarias. Añade un dibujo o un diagrama para mostrar tus ideas. No olvides usar algunas de las palabras del Vocabulario crítico en el texto.

PLANIFICAR

Toma notas sobre detalles importantes de las rocas que elegiste. Luego explica por qué son extrañas y extraordinarias.

Ahora escribe la descripción de tu roca.

✓ Asegúrate de que tu descripción

☐ presenta el tema con claridad.

☐ incluye datos y detalles del texto para demostrar por qué las rocas son poco comunes.

☐ contiene lenguaje y vocabulario precisos.

☐ define o explica con claridad el vocabulario nuevo o los términos científicos.

☐ incluye un dibujo, un diagrama u otro elemento visual que ayude a los lectores a comprender mejor la información.

Observa y anota
Contrastes y contradicciones

Prepárate para leer

ESTUDIO DEL GÉNERO En la **poesía** se usan los sonidos y el ritmo de las palabras para representar imágenes y expresar sentimientos.

- Los poemas incluyen efectos sonoros como la rima, el ritmo y la métrica que refuerzan el significado del poema.

- Los poetas usan lenguaje figurado, como símiles y metáforas, para desarrollar las ideas de los poemas. También incluyen personificaciones, es decir, objetos que adquieren características humanas.

- El poema lírico expresa los pensamientos y los sentimientos de un hablante.

- Los caligramas son poemas en los que el tipo de letra y la forma visual del poema reflejan un tema o una idea.

ESTABLECER UN PROPÓSITO **Piensa en** qué sabes acerca de los poemas sobre la naturaleza. Los poemas de esta selección tratan de las maravillas de la naturaleza. ¿Qué quieres aprender con estos poemas? Escribe tus ideas abajo.

Desarrollar el contexto:
Las maravillas de la naturaleza

VOCABULARIO CRÍTICO

diversa

en vano

núcleo

desentrañar

cólera

colisión

Maravillas de la naturaleza

Poesía sobre nuestra asombrosa Tierra

1 La Gran Barrera es el sistema de arrecifes coralinos más grande del mundo. Se extiende a lo largo de la costa noreste de Australia. El arrecife es un ser vivo, compuesto por pequeños animales en forma tubular, llamados *pólipos corales*, y de sus esqueletos calizos. En los arrecifes vive la más **diversa** mezcla de vida marina de la Tierra. Debido a esto, suele llamárselo "el bosque tropical del mar".

diversa   Si algo es diverso, está formado por cosas diferentes entre sí.

La Gran Barrera

En el mar de Coral, en la costa de Queensland, Australia

2 Tiene mil seiscientas millas
sobre las bellas costas de Queensland.
Y no se jacta en vano de su nombre:
este arrecife es realmente enorme.

3 Mil seiscientas millas de largo
y en cada pulgada hay vida.
¿Quieres echarle un vistazo?
No necesitas salvavidas,

4 ni siquiera tienes que mojarte
para ver este hermoso lugar,
porque tan grande es este arrecife,
que desde el cielo se puede mirar.

5 ¡Imagina orbitar la Tierra
y admirar desde esos confines
el hábitat de peces sierra,
de tortugas, ballenas y delfines!

6 Tus ojos contarán esta historia
y no dudarás de su moraleja:
¡Qué legado tan bello y qué gloria,
el coral que el planeta nos deja!

—Robert Schechter

en vano   Hacer algo en vano es decir o hacer algo que no servirá de nada.

1 **La fosa de las Marianas es el sitio más hondo del mundo. Se halla en el lecho de las aguas más profundas del océano Pacífico. Don Walsh y Jacques Piccard fueron los primeros en explorar la fosa de las Marianas. A bordo de una cápsula de acero diseñada para resistir la aplastante presión, ambos descendieron decenas de miles de pies en las profundidades del mar.**

La fosa de las Marianas

Océano Pacífico Oeste, al este de las islas Marianas

2 No hay en los mares un sitio más hondo
y con tantos misterios por descubrir:
se los cede a los ojos que van al fondo
y, luego, pleno de sí, se vuelve a dormir.

3 Es difícil creer que en su núcleo tan oculto
florezca y prospere la vida marina,
pero así ha sido desde los inicios del mundo;
pese a siete millas de mar por encima.

4 Y para desentrañar esto al fin
y revelar toda su esencia,
sería hasta mejor preguntar
a expertos de estas ciencias.

—X.J. Kennedy

núcleo   El núcleo es el centro de algo.
desentrañar   Averiguar o descubrir lo más dificultoso y oculto de algo.

1   Ubicado en el Himalaya, al sur de Asia, el monte Everest tiene una altura de 29,035 pies sobre el nivel del mar, convirtiéndose así en el pico más alto del mundo. El Everest se formó cuando la placa tectónica índica empujó a la placa euroasiática. Cada año, el Everest crece un poco más de un octavo de pulgada. Esto se debe a que la placa índica sigue ejerciendo presión contra la placa euroasiática.

2   En la década de 1920, varias expediciones inglesas intentaron llegar a la cima del monte Everest. El 29 de mayo de 1953, Sir Edmund Hillary y Tenzing Norgay fueron los primeros alpinistas en conquistar oficialmente la cima del Everest. Sin embargo, los exploradores ingleses George Mallory y Andrew Irvine pudieron haberlo logrado antes. En 1924, ambos desaparecieron al intentar esta proeza. Al día de hoy, nadie sabe si lograron o no escalar hasta la cumbre.

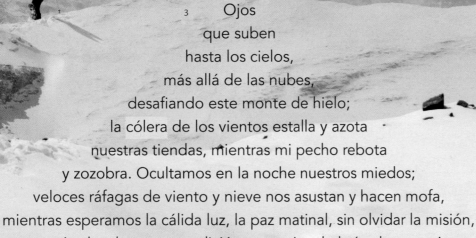

Monte Everest

Cordillera del Himalaya, en la frontera entre Nepal y El Tíbet, en Asia

3   Ojos
que suben
hasta los cielos,
más allá de las nubes,
desafiando este monte de hielo;
la cólera de los vientos estalla y azota
nuestras tiendas, mientras mi pecho rebota
y zozobra. Ocultamos en la noche nuestros miedos;
veloces ráfagas de viento y nieve nos asustan y hacen mofa,
mientras esperamos la cálida luz, la paz matinal, sin olvidar la misión,
el punto más alto de esta expedición, cuya cima habrán de conquistar, sin
excepción, los más fuertes, cuyos músculos logren dominar y el miedo vencer
para poder, así, superar la prueba máxima: conquistar la cima del monte Everest.

– Carol R. Baik

cólera	La cólera es una ira muy grande.

1 **Las luces oscilantes y parpadeantes de las auroras boreales son una maravilla digna de admirarse. El espectáculo luminoso de las auroras boreales lo provocan las partículas solares cargadas de electricidad que hacen colisión al entrar a la atmósfera terrestre. Vistas, por lo general, cerca de la región ártica, las auroras boreales pueden apreciarse mejor en algunos lugares de Norteamérica como Alaska y la provincia canadiense del Yukón.**

Aurora boreal

2 En las costas del Labrador
una capa púrpura oscila
en la noche con esplendor.
(Esperen: ¡ahora brilla
con matices violáceos y azulados!).
Tras esta manta polar, una ballena
podríase asomar y ser invisible,
como todo lo demás. El sol boreal
con reverencia tiende su diáfana capa transparente,
y dejo mis ojos mirar y mirar
este deslumbrante aire rutilante.

—Steven Withrow

colisión   Una colisión ocurre cuando un objeto en movimiento se estrella contra algo.

Maravillas de la naturaleza

Conversación colaborativa

Vuelve a leer lo que escribiste en la página 46. Luego trabaja en grupo y comenta las preguntas de abajo. Busca detalles en *Maravillas de la naturaleza* para apoyar tus ideas. Toma notas para responder las preguntas y úsalas cuando hables. Para que avance la conversación, haz preguntas que no se desvíen del tema y comenta las ideas de los demás.

1 Vuelve a leer el poema "La Gran Barrera". ¿Qué siente el poeta acerca del arrecife? ¿Qué palabras y frases revelan esos sentimientos?

Sugerencia para escuchar

Escucha las ideas de los demás. ¿Qué preguntas se te ocurren?

2 Repasa el poema "Aurora boreal". ¿Qué imágenes crean en tu mente las palabras del hablante?

Sugerencia para hablar

Haz preguntas relacionadas con lo que otra persona haya dicho. Escucha con atención las respuestas y aporta tus propias ideas.

3 ¿Cómo te ayuda el texto informativo que acompaña a cada poema a comprenderlo o disfrutarlo?

Escribir un párrafo de opinión

TEMA PARA DESARROLLAR

En *Maravillas de la naturaleza*, leíste poemas y algunos datos sobre cuatro maravillas de la naturaleza.

Imagina que tu clase tiene un blog literario. Escribe un párrafo de opinión sobre la maravilla de la naturaleza que te parece más asombrosa. Incluye un enunciado que describa cómo el poema sobre esa maravilla apoya tu opinión. Usa detalles específicos del poema y el texto informativo para apoyar tus ideas. Asegúrate de usar algunas de las palabras del Vocabulario crítico en el texto.

PLANIFICAR

Crea una red con palabras que describan las características de la maravilla de la naturaleza que elegiste. Para cada característica, escribe palabras o frases del poema y del texto informativo que apoyen tu opinión.

Ahora escribe tu párrafo de opinión sobre la maravilla de la naturaleza más asombrosa.

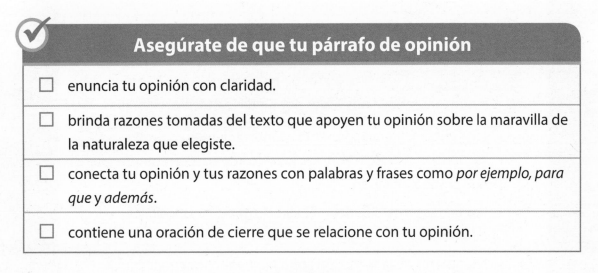

Asegúrate de que tu párrafo de opinión

☐	enuncia tu opinión con claridad.
☐	brinda razones tomadas del texto que apoyen tu opinión sobre la maravilla de la naturaleza que elegiste.
☐	conecta tu opinión y tus razones con palabras y frases como *por ejemplo, para que* y *además*.
☐	contiene una oración de cierre que se relacione con tu opinión.

Prepárate para leer

ESTUDIO DEL GÉNERO Los textos de **no ficción literaria** son relatos que presentan datos reales por medio de técnicas literarias.

- La no ficción literaria presenta acontecimientos en orden secuencial, o cronológico. Así, los lectores pueden comprender qué ocurrió y cuándo.

- Los textos científicos tienen palabras que son específicas del tema.

- Los autores de la no ficción literaria pueden usar un lenguaje figurado, como símiles y metáforas, para describir lugares o acontecimientos reales.

ESTABLECER UN PROPÓSITO **Mira** todas las imágenes de esta selección y observa los distintos animales y plantas que se ven. ¿Qué imágenes te interesan más? ¿Qué te gustaría saber sobre estas partes del cañón? Escribe tus ideas abajo.

Conoce a la autora:
Linda Vieira

VOCABULARIO CRÍTICO

destellan

centinelas

erosión

abismo

resplandece

incrustados

EL GRAN CAÑÓN

Un sendero a través del tiempo

por Linda Vieira

ilustrado por
Christopher Canyon

1   Antes del amanecer, retumban los truenos de una tormenta en el Parque Nacional del Gran Cañón. Los relámpagos destellan en el cielo oscuro, por encima de una meseta enorme llena de picos, valles y fosas donde alguna vez se alzaron montañas. La fosa más profunda se llama el Gran Cañón y es una de las Siete Maravillas Naturales del Mundo.

destellan   Cuando las cosas destellan, despiden rayos de luz muy brillante.

2 Cuando sale el sol, la luz baña las agujas de roca y los cerros que se levantan en la meseta como centinelas, desgastados por la erosión. Los coyotes enseñan a sus cachorros a cazar su alimento en los bosques densos que crecen en los bordes del Cañón.

3 Miles de visitantes han viajado desde todas partes del mundo para observar el esplendor del Gran Cañón. En los campamentos y hoteles ubicados cerca de los bordes norte y sur, se preparan para las actividades del día.

centinelas Los centinelas son guardias que están de vigilancia en un sitio.
erosión La erosión es el desgaste del suelo y la roca, provocado generalmente por el viento o el agua.

⁴ El sol de la mañana trepa por encima de montañas distantes y revela precipicios que se asoman al río Colorado, en el fondo del Gran Cañón. El río tardó casi seis millones de años en tallar el Cañón, y creó un canal que tiene aproximadamente una milla de profundidad y más de 275 millas de largo. El viento y el agua desgastaron los lados empinados y ensancharon el abismo que separa los precipicios. Un cuervo atraviesa el canal tranquilamente, planeando y trazando círculos sobre el río, que corre abajo, a lo lejos.

⁵ El sol ahuyenta las sombras de las rocas escarpadas que están en el fondo, a miles de pies de los bordes. Las mulas de carga comienzan un viaje de cinco horas para bajar hasta la parte más profunda del Cañón. Caminan una detrás de otra por un sendero de diez millas de largo, lleno de curvas, que conduce al lecho del río. Detrás flotan nubes de polvo, mientras las voces que vienen de arriba se van apagando.

abismo Un abismo es una grieta o apertura profunda en el suelo.

6 Los visitantes que recorren el sendero observan con curiosidad los símbolos de personas y animales que los indígenas havasupai pintaron hace mucho tiempo sobre una roca grande. Los havasupai aún viven en el Cañón, donde cuidan sus rebaños y granjas en verano, y en los meses del invierno cazan animales pequeños y recolectan frutos secos y bayas.

7 A medida que el sol sube en el cielo, se ven cañones más pequeños con capas de roca que parecen cintas de colores. Los borregos cimarrones caminan con facilidad por las paredes empinadas de los cañones, buscando comida en pequeñas franjas escondidas de suelo. A su alrededor, se asoman flores silvestres agrupadas en manojos morados y rosados.

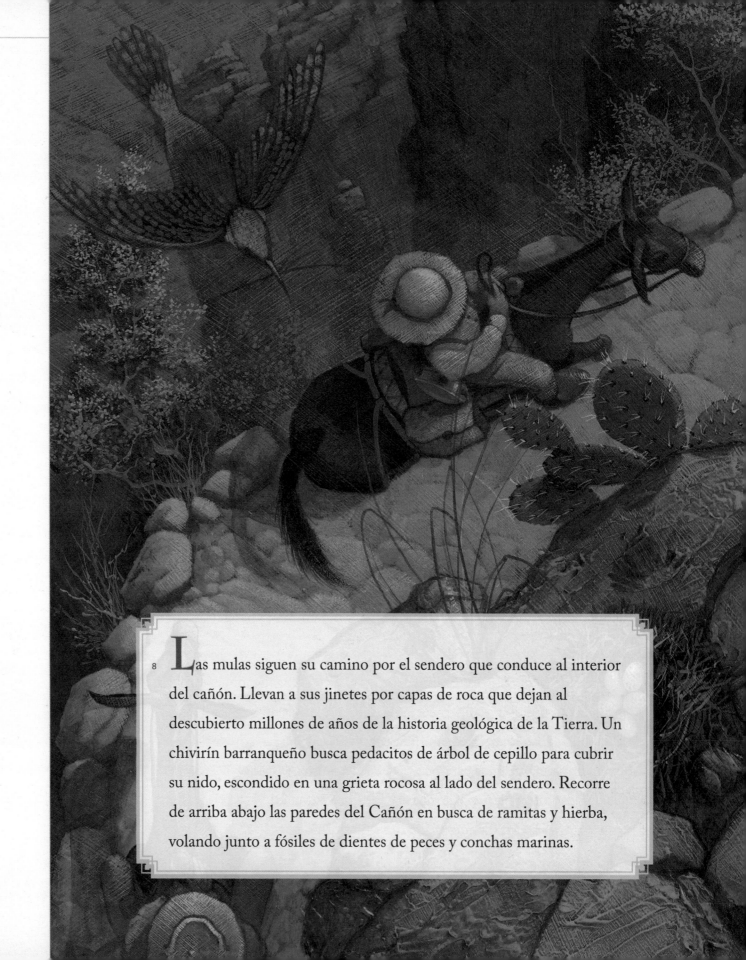

8 Las mulas siguen su camino por el sendero que conduce al interior del cañón. Llevan a sus jinetes por capas de roca que dejan al descubierto millones de años de la historia geológica de la Tierra. Un chivirín barranqueño busca pedacitos de árbol de cepillo para cubrir su nido, escondido en una grieta rocosa al lado del sendero. Recorre de arriba abajo las paredes del Cañón en busca de ramitas y hierba, volando junto a fósiles de dientes de peces y conchas marinas.

9 El sol del mediodía resplandece sobre un arroyo escondido. El arroyo está cerca de un granero construido dentro de la pared del Cañón por los indígenas anasazi hace casi 1,000 años. Las ardillas corretean por el granero vacío, donde alguna vez se almacenaron cultivos y plantas para comerciar y usar como alimento.

10 Una lagartija sale disparada y se aleja del sendero. Trepa por encima de fósiles de trilobites prehistóricos, que quedaron incrustados en capas de esquisto hace millones de años, cuando el terreno estaba cubierto por un mar primitivo. Una vez que se han ido las mulas, la lagartija sale de su escondite para absorber el calor del sol.

resplandece Si algo resplandece, brilla.
incrustados Los objetos que están incrustados están metidos con firmeza dentro de algo que los rodea.

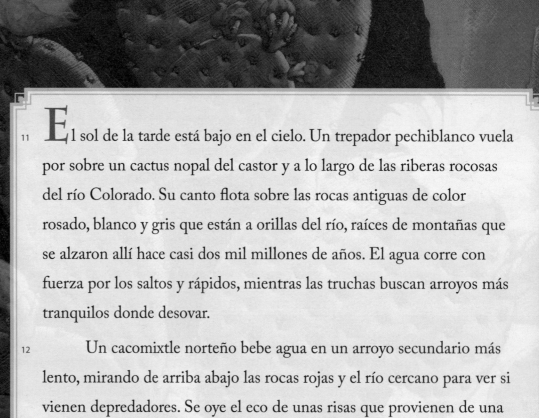

11   El sol de la tarde está bajo en el cielo. Un trepador pechiblanco vuela por sobre un cactus nopal del castor y a lo largo de las riberas rocosas del río Colorado. Su canto flota sobre las rocas antiguas de color rosado, blanco y gris que están a orillas del río, raíces de montañas que se alzaron allí hace casi dos mil millones de años. El agua corre con fuerza por los saltos y rápidos, mientras las truchas buscan arroyos más tranquilos donde desovar.

12   Un cacomixtle norteño bebe agua en un arroyo secundario más lento, mirando de arriba abajo las rocas rojas y el río cercano para ver si vienen depredadores. Se oye el eco de unas risas que provienen de una cabaña, donde jinetes y excursionistas cansados se cuentan historias de su descenso por el Cañón.

13 Los ciclos constantes de erosión de la roca y el correr del agua tallaron el Gran Cañón hace millones de años. El embate del viento y la lluvia sigue ensanchándolo al desgastar las rocas que solían ser montañas y volcanes. Las aguas del río Colorado avanzan a toda velocidad. Arrastran rocas y barro mientras recorren llanuras y flujos de lava antiguos, y así esta maravilla natural se hace cada vez más profunda.

14 Por la noche, las mulas descansan en un corral ubicado cerca del río. Mañana les espera un viaje de siete horas, en el que volverán a subir. Día tras día, la erosión hace cambios diminutos en las paredes rocosas que rodean el sendero. Dentro de millones de años, las mismas fuerzas de la naturaleza seguirán dando forma al Gran Cañón, y cavarán cada vez más profundo en la historia de nuestro planeta.

Conversación colaborativa

Vuelve a leer lo que escribiste en la página 56. Dile a un compañero dos cosas que aprendiste del texto. Luego trabaja en grupo y comenta las preguntas de abajo. Busca detalles y ejemplos en *El Gran Cañón: Un sendero a través del tiempo* para explicar tus respuestas. Di lo que piensas de manera tal que la conversación sea interesante y significativa para todos.

1 Vuelve a leer la página 60. ¿Qué tamaño tiene el Gran Cañón? ¿Por qué tardó tantos años en formarse?

2 ¿Qué personas y animales podrías ver en el Gran Cañón?

3 ¿De qué manera la combinación del agua en movimiento y la erosión crearon el Gran Cañón?

Sugerencia para escuchar

¡No hables tú solo! Observa si otros miembros de tu grupo no han dado su opinión ni compartido ideas e invítalos a participar.

Sugerencia para hablar

Aporta ideas nuevas a la conversación, hablando lo suficientemente alto para que todos te oigan.

Escribir una guía de viaje

TEMA PARA DESARROLLAR

¿Leer *El Gran Cañón: Un sendero a través del tiempo* te dio ganas de visitar y experimentar sus maravillas? Si así fue, no eres el único. Más de cinco millones de personas visitan el Gran Cañón todos los años.

Usa lo que aprendiste en el texto para escribir una guía de viaje para las personas que quieran visitar el Gran Cañón. Incluye información sobre lo que se puede ver y hacer, además de datos sobre el cañón en sí. Recuerda que una guía de viaje debe alentar a las personas a que visiten el lugar. Incluye un dibujo o un mapa para que tu guía sea más interesante e informativa. No olvides usar algunas de las palabras del Vocabulario crítico en el texto.

PLANIFICAR

Toma notas sobre las características del Gran Cañón con algunas de las palabras sensoriales que se usan en la lectura. Piensa en qué características podrían atraer visitantes al Gran Cañón.

ESCRIBIR

Ahora escribe tu guía de viaje sobre el Gran Cañón.

Asegúrate de que tu guía de viaje

- ☐ presenta el tema.
- ☐ incluye datos y otra información tomados del texto.
- ☐ contiene palabras descriptivas y sensoriales.
- ☐ incluye dibujos o mapas.
- ☐ termina con una oración de cierre.

Pregunta esencial

¿Por qué las maravillas naturales de la Tierra son únicas y fascinantes?

Escribir un artículo científico

TEMA PARA ESCRIBIR Piensa en lo que aprendiste en *La fosa de las Marianas* y *El Gran Cañón: Un sendero a través del tiempo* en este módulo.

Imagina que estás escribiendo un artículo para una revista científica infantil sobre las maravillas naturales de la Tierra. Debes explicar cómo se formaron lugares únicos como la fosa de las Marianas y el Gran Cañón. Asegúrate de incluir evidencia tomada de ambos textos. En tu artículo, compara y contrasta cómo se crearon las dos formaciones naturales.

Voy a escribir sobre _____.

Asegúrate de que tu artículo

☐ tiene una introducción que plantea el tema con claridad.

☐ incluye datos, detalles y ejemplos tomados de los textos que apoyan la idea principal.

☐ tiene párrafos en los que se agrupa la información relacionada.

☐ incluye palabras y frases de enlace, como *además, pero* y *sin embargo*, para señalar semejanzas y diferencias.

☐ tiene una conclusión que resume la información.

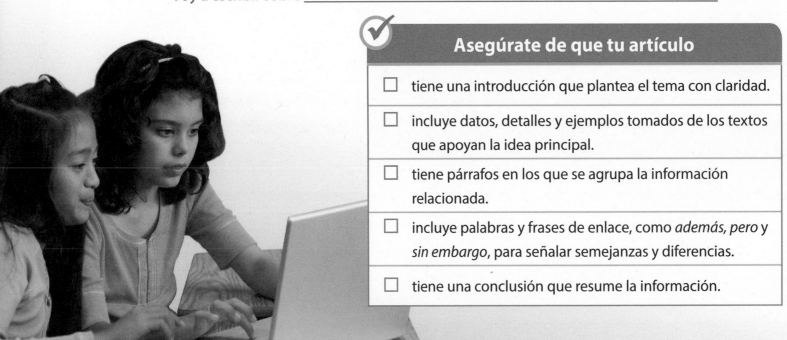

···································· Reúne información.

¿Qué detalles de las selecciones te ayudarán a comparar y contrastar las fuerzas de la naturaleza que dieron forma a esos lugares? Revisa tus notas y vuelve a leer los textos cuando sea necesario.

Cuando planifiques, busca detalles sobre cómo se formó cada maravilla natural. Piensa en qué detalles son iguales y cuáles son diferentes. Anota la información en un diagrama de Venn.

Mi tema: _____

Fosa de las Marianas   **Ambos**   **Gran Cañón**

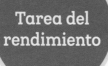
HACER UN BORRADOR ·· Escribe tu artículo.

Escribe una **introducción** sólida, que enuncie con claridad tu idea principal y permita al lector saber de qué trata tu artículo.

En el **párrafo central**, usa tu diagrama de Venn para explicar cómo se formaron la fosa de las Marianas y el Gran Cañón y por qué son únicos. Usa datos y detalles tomados de los textos.

En la **conclusión**, vuelve a plantear tu idea principal general.

·· **Revisa tu borrador.**

En los pasos de revisión y edición puedes leer con atención lo que escribiste y mejorarlo aún más. Con un compañero, decide si has explicado tus ideas con claridad. Usa estas preguntas como ayuda para evaluar y mejorar tu artículo.

PROPÓSITO/ ENFOQUE	ORGANIZACIÓN	EVIDENCIA	LENGUAJE/ VOCABULARIO	CONVENCIONES
☐ ¿Mi artículo plantea con claridad una idea principal? ☐ ¿No me desvié del tema?	☐ ¿El artículo tiene una introducción clara? ☐ ¿Escribí una conclusión clara?	☐ ¿La evidencia tomada de los dos textos apoya mis ideas?	☐ ¿Usé palabras de enlace para indicar qué ideas son semejantes o diferentes?	☐ ¿Escribí todas las palabras correctamente? ☐ ¿Comencé todos los párrafos nuevos con sangría? ☐ ¿Usé las mayúsculas correctamente?

PRESENTAR ·· **Comparte tu trabajo.**

Crear la versión final Pasa en limpio tu artículo científico y elabora la versión final. Puedes incluir fotografías o ilustraciones. Considera estas opciones para compartir tu texto:

1. Publica tu artículo en un blog de ciencias de la escuela o de la clase y pide a tus compañeros que te hagan comentarios.

2. Suma tu artículo a una revista llamada *Maravillas naturales* hecha por la clase.

3. Haz una presentación oral de tu artículo ante tu clase. Usa elementos visuales para apoyar tu presentación.

Cuentos de astucia y cuentos fantásticos

"Contar cuentos es algo mágico".

—Lynn Collins

¿Qué lecciones puedes aprender de los personajes de cuentos tradicionales?

Video de
Mentes
curiosas

Palabras acerca de los cuentos tradicionales

Las palabras de la tabla te ayudarán a hablar y escribir sobre las selecciones de este módulo. ¿Cuáles de las palabras acerca de los cuentos tradicionales ya has visto antes? ¿Cuáles son nuevas para ti?

Completa la Red de vocabulario de la página 77. Escribe sinónimos, antónimos y palabras y frases relacionadas para cada palabra acerca de los cuentos tradicionales.

Después de leer cada selección del módulo, vuelve a la Red de vocabulario y añade más palabras. Si es necesario, dibuja más recuadros.

PALABRA	SIGNIFICADO	ORACIÓN DE CONTEXTO
timador (sustantivo)	Un timador es un personaje que engaña a otros, normalmente para obtener algo de ellos.	El zorro suele estar representado como un timador experto en los cuentos populares.
astuto (adjetivo)	Alguien astuto es capaz de comprender rápidamente una situación para ganar ventaja.	Su forma astuta de tomar decisiones nos ayudó a salir de una situación difícil.
exageración (sustantivo)	Una exageración describe algo como si fuera más grande o importante de lo que en realidad es.	Decir que tu hermana es el doble de alta que tú es una exageración.
legendario (adjetivo)	Si algo es legendario, es muy famoso y se han contado muchas cosas sobre eso.	Muchas personas han leído sobre el legendario Hércules.

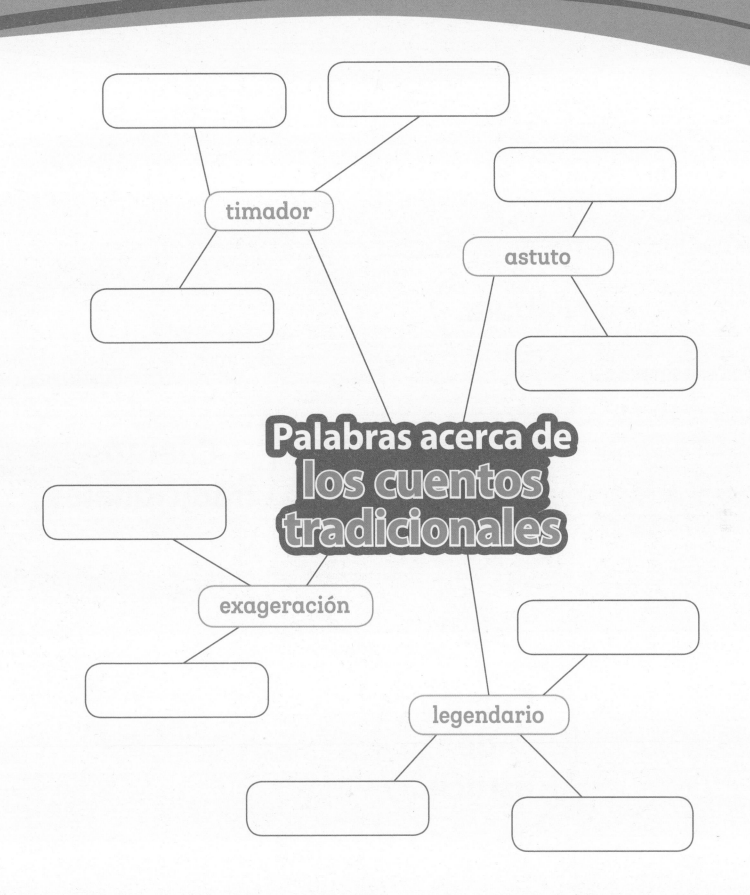

timador

astuto

Palabras acerca de
los cuentos
tradicionales

exageración

legendario

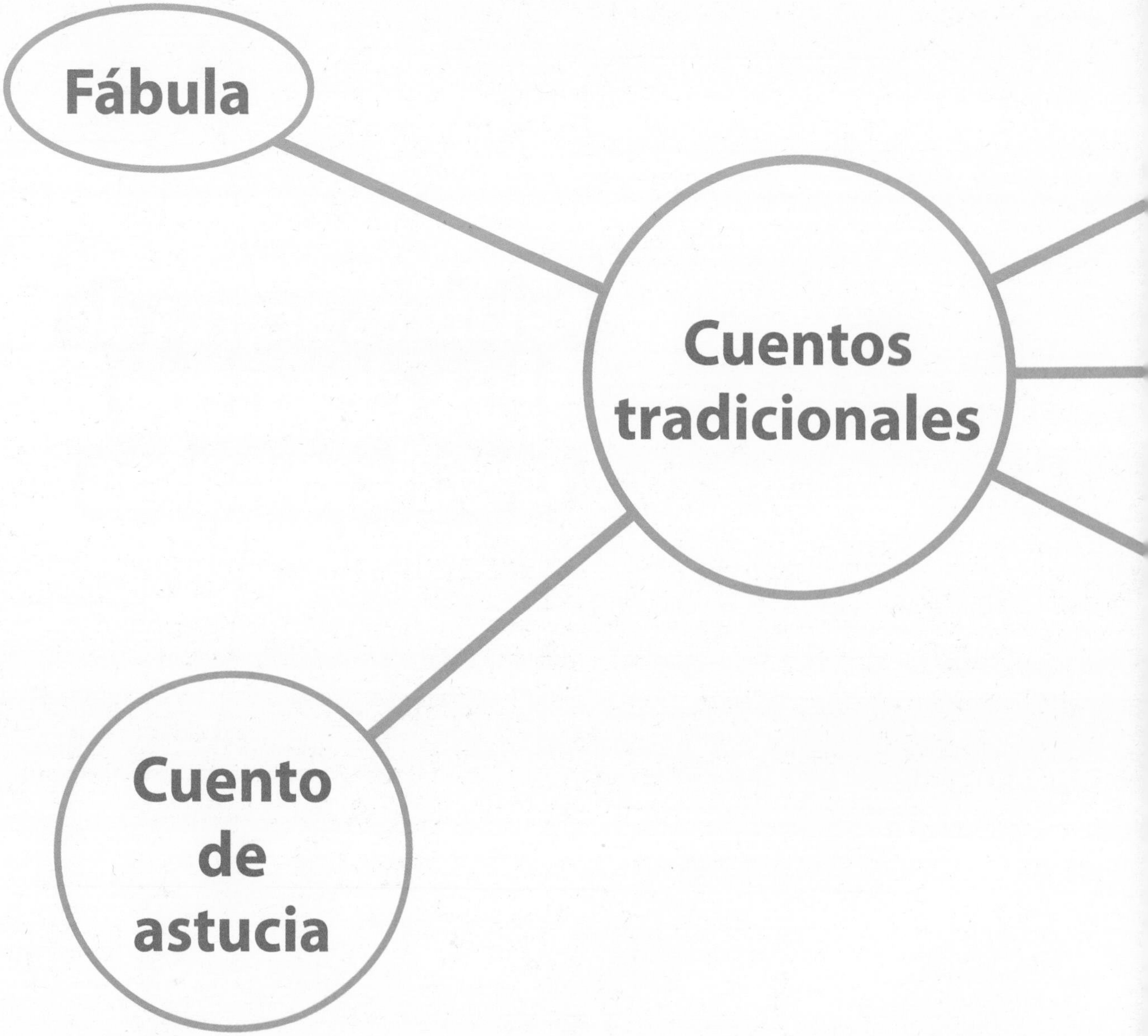

Fábula

Cuentos
tradicionales

Cuento
de
astucia

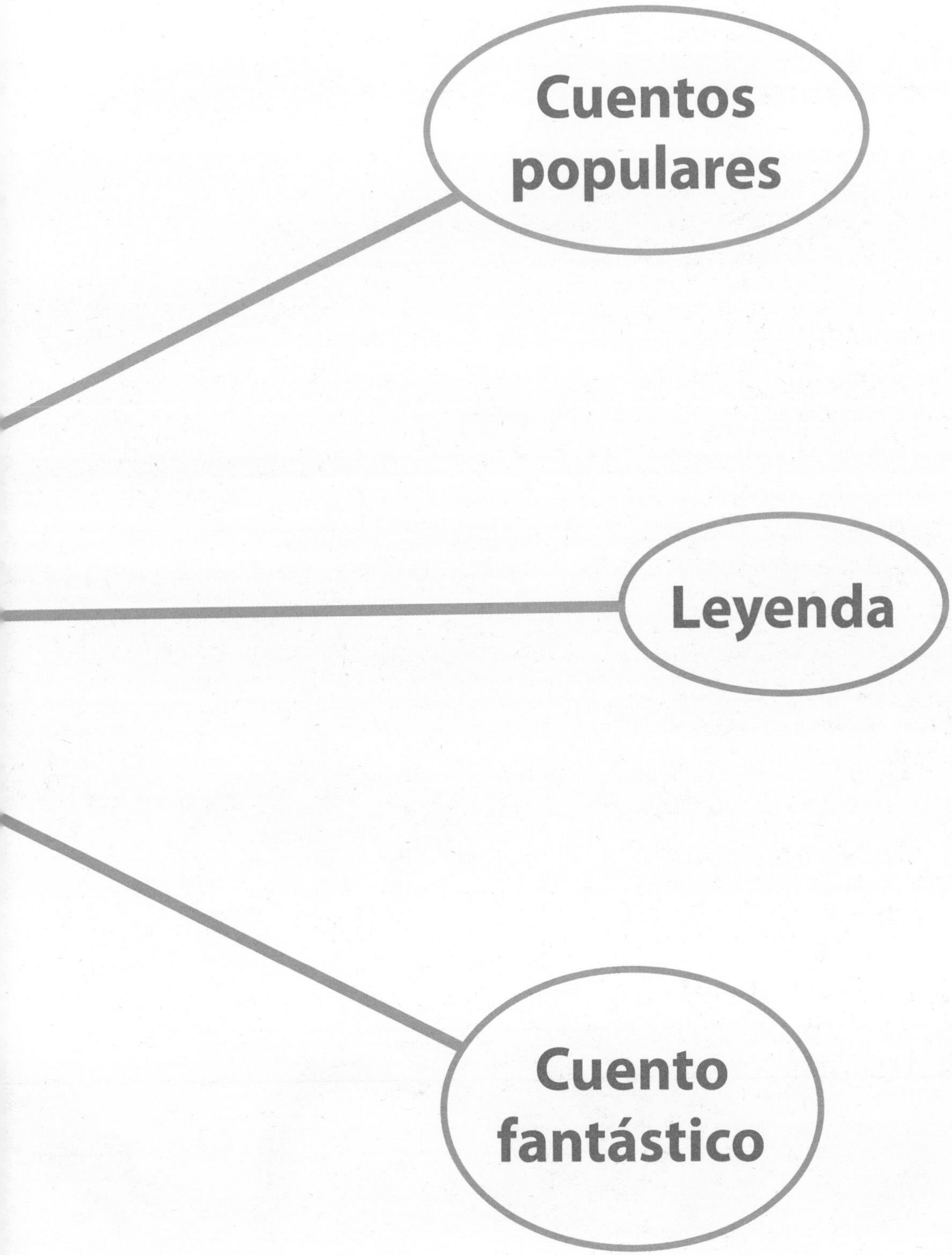

Cuentos populares

Leyenda

Cuento fantástico

Lectura breve

La historia de los cuentos tradicionales

1 Hace mucho tiempo, las personas se contaban cuentos unas a otras. Compartían historias sobre héroes, personajes épicos y grandes aventuras. Las personas transmitían esos cuentos a sus hijos, amigos y vecinos. Esas historias se contaron una y otra vez durante cientos o hasta miles de años. Hoy todavía disfrutamos de ellas en las bibliotecas, la escuela, la televisión y los cines.

2 Los cuentos populares, las leyendas, los mitos y otros cuentos tradicionales tienen una cualidad atemporal. Eso significa que esos cuentos, por más viejos que sean, nunca pierden su atractivo. Sus tramas aún entretienen a las personas y nos enseñan valiosas lecciones de vida.

3 Antes de que se inventara la escritura, contar cuentos era una forma vital de compartir información. Los cuentos tradicionales muchas veces ofrecían explicaciones para las cosas que asombraban a las personas hace mucho tiempo. Por ejemplo, un cuento podía explicar por qué sucedían las tormentas o por qué los osos tenían colas cortas. Los cuentos tradicionales también daban lecciones de vida importantes. Podían deslumbrar a los oyentes con historias sobre batallas *legendarias* o aventureros audaces. Los cuentos tradicionales han preservado los valores y la historia de las personas. Y siempre fueron entretenidos. Muchos cuentos tradicionales incluían repeticiones. Las oraciones y las frases repetidas hacían que esos cuentos fueran más fáciles de recordar y contar.

5   Los cuentos tradicionales suelen tener personajes con características que todos reconocemos. Algunos son sabios, otros son torpes, algunos son avaros, otros son generosos. En los cuentos hay *exageración*, no solo para entretener sino también para poner la atención en un comportamiento extraordinario. Las características exageradas son un espejo del comportamiento humano real. Enseñan a los lectores el valor de la virtud y los peligros de actuar mal.

6   Un tipo de personaje exagerado es el *timador*. Por lo general, el timador es un personaje animal *astuto*, o inteligente, que adora la diversión y suele engañar a los demás. A veces, el timador es quien termina engañado. De cualquier manera, el engaño siempre nos deja una lección valiosa.

4   Hoy todavía compartimos cuentos tradicionales por las lecciones, o moralejas, que nos enseñan sobre la vida. Las famosas fábulas del cuentista griego Esopo suelen tener a animales como protagonistas, pero incluyen moralejas que los seres humanos deberían tener presentes. En la fábula de Esopo "La cigarra y la hormiga", una hormiga trabajadora reúne comida para el invierno mientras que su amiga no hace nada. Pero cuando llega el invierno, la cigarra debe rogar a la hormiga para que comparta su comida con ella. La lección es clara y sigue teniendo sentido en la actualidad: trabaja mucho y piensa en el futuro, ¡si no...!

7   El humor y las lecciones de vida de los cuentos tradicionales hacen que hoy sean tan relevantes como lo fueron hace mucho tiempo y como lo seguirán siendo en el futuro. ¿Cuál es tu preferido?

Observa
y anota
Una y otra vez

Prepárate para leer

ESTUDIO DEL GÉNERO Los **cuentos fantásticos** son historias exageradas difíciles de creer.

- Los cuentos fantásticos incluyen un personaje principal épico y, en general, con capacidades sobrenaturales.

- Los personajes principales de los cuentos fantásticos resuelven un problema de una manera rara y difícil de creer.

- Los autores de cuentos fantásticos usan descripciones exageradas de los personajes y los acontecimientos.

ESTABLECER UN PROPÓSITO **Piensa en** cómo podría ser un personaje de un cuento fantástico. ¿Qué te gustaría saber acerca del personaje principal de esta historia? Escribe tus ideas abajo.

**Conoce a la autora
Jerdine Nolen**

VOCABULARIO CRÍTICO

resplandor

se apoderó

confirmó

complace

esplendor

ingeniosa

carácter

admirable

devastación

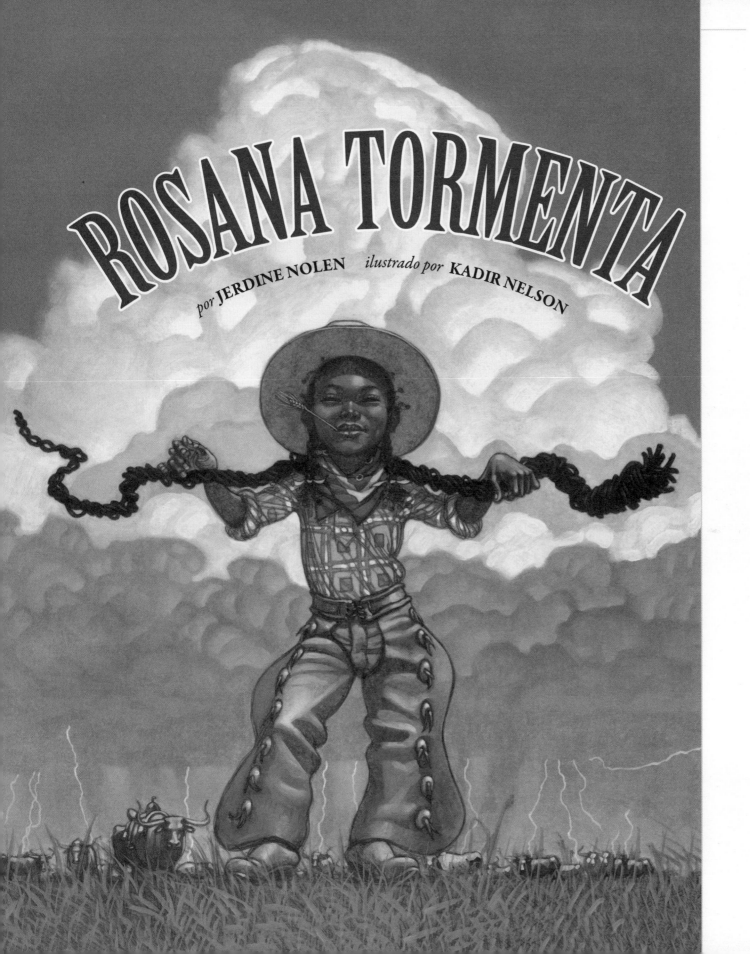

ROSANA TORMENTA

por **JERDINE NOLEN**   *ilustrado por* **KADIR NELSON**

1   Rosana fue la primera hija de Jackson y Millicent MacGruder. Nació libre y de lo más tranquila. Todavía recuerdo claramente la noche en que llegó al mundo. La lluvia de granizo, el resplandor de los rayos y el ruido de los truenos golpeaban la puerta, como si quisieran participar de ese momento bendito.

2   La bebé tomó la primera bocanada de aire de su vida y no lloró. En cambio, se sentó y miró a su alrededor. Se apoderó de los rayos, los envolvió en una bola y se los puso sobre el hombro, mientras afuera no dejaban de sonar los truenos. Dicen que esto simplemente confirmó el hecho de que el poder del rayo y el trueno corría por las venas de la niña.

3   —Va a crecer sana y fuerte —dijo el doctor Hollerday.

4   La niña se dio la vuelta, miró al buen doctor con una mirada pensativa y respondió:

5   —Me parece que voy a hacer mucho más que eso. ¡Muchísimas gracias!

---

resplandor   El resplandor de algo es una luz muy fuerte y clara que sale de él.
se apoderó   Si alguien se apoderó de algo, se lo quedó como si fuera suyo.
confirmó   Si algo se confirmó, se vio de nuevo que era verdad.

⁶   Puso la mirada en las dos luces amorosas que la iluminaban, que eran su mamá y su papá, y dijo:

⁷   —¡Les estoy muy agradecida por darme la oportunidad de venir al mundo! —Luego añadió, sin dirigirse a nadie en particular—: Me complace el nombre de Rosana.

⁸   Sus papás, que estaban muy enamorados del regalo que les había dado la vida, revoloteaban alrededor de la niña y la observaban en todo su esplendor. Rendidos ante ese amor, levantaron la voz y entonaron una vieja canción con una melodía muy dulce y fiel: una canción de cuna muy antigua que existía desde el principio de los tiempos.

---

complace   Si algo te complace, te gusta o te satisface.
esplendor   El esplendor de una cosa es su gran belleza o aspecto impresionante.

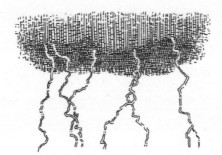

9   —Me llega una música muy dulce a los oídos —exclamó la recién nacida—. Me produce una sensación de felicidad que resuena en lo profundo de mi ser. Voy a guardarla aquí, en la diana del centro de mi corazón, y veré qué puedo hacer con ella algún día.

10   Durante la primera noche, Rosana respiró sola y roncó tanto que hizo retumbar las vigas del techo junto con con el estruendo de los truenos. Nunca durmió en silencio. Parecía que había decidido ser tan poderosa como la tormenta de afuera. Como los rayos y los truenos la protegieron durante toda la noche, su mamá y su papá comenzaron a llamarla Rosana Tormenta.

11   A la mañana siguiente, cuando el sol brillaba amarillo y alto en el cielo azul cruzado por nubes, Rosana se despertó con más hambre que un oso en primavera, pero de muy buen humor. Como tenía buenos modales, agradeció amablemente a su mamá por la leche, aunque no alcanzó para saciar su sed voraz. Rosana prefirió beber la leche directamente de la vaca.

12   Su mamá estaba muy agradecida de tener a una niña tan ingeniosa. Ningún otro bebé recién nacido tenía fuerza suficiente para levantar una vaca por encima de su cabeza y beberle la leche hasta dejarla casi seca. En un abrir y cerrar de ojos, Rosana lo hizo, ¡y con cuánta delicadeza! La niña era bellísima y tenía un carácter muy dulce, pero no se equivoquen, por dentro estaba llena de rayos *y* truenos.

13   En aquel campo polvoriento, seco, extenso y marrón como una bolsa de papel, era frecuente encontrar a Rosana canturreando en voz baja una canción bonita mientras hacía sus tareas. Y, fiel a su palabra, Rosana creció *mucho más* que sana y fuerte.

14   Cuando la niña tenía dos años, le llamó la atención una pila de chatarra que estaba junto al granero. Tomó un pedazo de metal de buen tamaño, lo estiró por aquí, lo dobló y lo torció por allá. Así construyó un rayo tan negro como la noche para coronar su propio nombre. Lo llamó Azabache. Azabache siempre la acompañaba a todos lados. Como el papá de Rosana notó que ella era muy hábil con el metal, se aseguró de que siempre hubiera un poco de metal cerca.

15   Cuando tenía cinco años, Rosana construyó ella solita de forma admirable, la cerca de la casa. A los ocho o nueve años, siempre canturreando mientras trabajaba, Rosana usó unas vigas de hierro y unos bloques de madera con los que solía jugar y construyó un edificio tan alto que llegaba al cielo.

16   Cuando cumplió doce años, Rosana ya había perfeccionado su técnica de doblar el metal. Con delicadeza, formó letras para ayudar a los niños pequeños que estaban aprendiendo a leer.

---

ingeniosa   Si una persona es ingeniosa, puede resolver problemas difíciles satisfactoriamente.
carácter   Tu carácter es tu forma de ser o hacer las cosas.
admirable   Si haces algo admirable, lo haces muy bien y todos te felicitan.

Cuando su papá cumplió años, Rosana le regaló un sello de hierro para marcar a los animales: un círculo con las letras de MacGruder en el centro, bien grandes: M, A, C. Y fue un regalo muy oportuno, porque desde el Río Grande se aproximaba una estampida de feroces bueyes de cuernos largos. Los animales venían corriendo por el camino directo a la casa de Rosana.

17   Rosana hizo algo maravilloso, un milagro digno de ver. Más rápida que un rayo, corrió en dirección al ganado. Se apoyó en Azabache, saltó por el aire y cayó sobre el lomo del buey más grande, como si el animal fuera un caballito de carrusel. Rosana tomó un cuerno con cada mano y retorció a la criatura hasta detenerla por completo. Eso bastó para frenar a ese toro bravo y al resto del ganado.

18   Pero creo que lo que tocó el corazón a la bestia fue la dulce canción que empezó a canturrear Rosana. Esa tonelada de carne malhumorada quedó bien mansa. El animal se volvió juguetón como un gatito y hasta quiso ronronear. Rosana lo llamó Papo en honor a su verdura favorita. Presenciar cómo la canción de cuna de Rosana durmió a esa bestia enorme fue lo más tierno que he visto en muchísimo tiempo.

19   Una vez que bajó la polvareda, la mamá y el papá contaron dos mil setecientas cabezas de ganado, además de las 500 que ya tenían. Rosana tuvo que tomar un poco de chatarra y agrandar el corral para que entraran todos los animales.

20   —¿Qué has hecho con el alambre, Rosana? —le preguntó su mamá, sorprendida y contenta con la última creación de su hija.

21   —Ah, ¿eso? —dijo Rosana—. Mientras estaba haciendo la cerca, papá me pidió que cuidara a la pequeña Pía. Al parecer, los nuditos del alambre le daban risa. Así que lo llamé "alambre de Pía".

22   —¡Qué ingenioso de tu parte entretener a la pequeñita con eso! —dijo su mamá. Rosana se sonrojó. Con los años, todos empezaron a usar el alambre con nuditos, que luego se conoció como "alambre de púa".

23   Rosana y su papá se pasaron todo el día siguiente clasificando a los animales que no estaban marcados con el hierro.

24   —Uno de estos días, antes de que llegue el frío —Rosana le dijo a su papá—, voy a tener que llevar al ganado por el camino de Chisholm hasta el mercado de Abilene. Sospecho que Papo es el transporte ideal para hacer ese largo viaje al norte.

25   En el primer viaje que Rosana hizo a Abilene, justo después de pasar por Caldwell, Jesse Baines, un bandido temible y feroz, ayudado por su banda de forajidos, trató de robarle el ganado.

26   Con las varillas de metal que siempre tenía a mano, Rosana atrapó a los bandidos y los ató bien fuerte. Los llevó a la prisión del condado, sujetos con un bonito moño de metal.

27   —No ha sido ninguna molestia, alguien tenía que detener esta ola de asaltos —dijo al *sheriff* Weaver.

28   Pero esa no era la única ola que asaltaba la región. El poderoso sol secaba a todos los seres vivos que tocaba. ¡Si hasta las rocas lloraban! Las nubes se habían quedado quietas y miraban todo desde arriba. Ni siquiera trataban de ayudar.

29   Por eso, el aire estaba muy seco y agrio, y el tiempo parecía haberse detenido. No había ni una gota de agua por ningún lado. Los bueyes no se movían sin agua. Y eso los enfurecía mucho, pero mucho... Y cuando un buey se enfurece, es como una enfermedad contagiosa que enfurece también a todos los demás bueyes. Papo parecía estar sediento, muy, pero muy sediento.

30   —¡Tengo que hacer algo! —declaró Rosana.

31   Estiró varias varillas de metal e hizo un lazo, y luego lanzó a Azabache por el aire, con la esperanza de que los cielos se rindieran. Atrapó una masa de nubes con el lazo y las apretó con muchísima fuerza mientras canturreaba su canción. Comenzó a caer una lluvia ligera. Pero era obvio que esa humedad no alcanzaba ni para refrescar a dos hormigas, y menos aún a un grupo de bueyes salvajes.

32   De repente, una columna de viento llegó dando vueltas como un remolino, levantando todo lo que encontraba a su paso. La tormenta sorprendió a Rosana, que le dijo:

33   —¡Oye! Espera un momento.

34   Papo se quedó inmóvil frente a semejante viento. Seguro que fueron esas nubes entrometidas. No les cayó nada bien que alguien les dijera lo que tenían que hacer. Y estaban listas para contraatacar con furia por su propia cuenta.

35   ¡Ay, cómo se enojó Rosana! Se convirtió en la única tempestad con patas que jamás había pisado las planicies del Oeste.

36   —¡No tienes idea con quién te estás metiendo! —Rosana le gritó a la tormenta. Le salieron rayos por los ojos. Masticó un trueno y lo hizo trizas con los dientes. La verdad que no sé por qué alguien querría enfrentarse a una jovencita tan bonita que lleva el poder del rayo y del trueno en las venas. Pero, para su desgracia, las nubes se enfrentaron a ella.

37   Rosana buscó sus varillas de hierro. Pero solo le quedaba una. No supo bien qué hacer. Sabía que Azabache solo no iba a ser suficiente para resolver esa situación. Indefensa ante su propia sed

creciente y el poder de los elementos, Rosana se sintió acorralada. Luego, la agitada columna de viento se dividió, y se formaron dos, que se le acercaban desde lados opuestos. Rosana tenía que encontrar una solución y ¡debía hacerlo rápido! Como no solía dar su brazo a torcer, analizó sus opciones porque no sabía cómo terminaría todo eso.

38   "¿Será este el menú de mi última cena? ¿Será este mi primer y último rodeo?", se preguntó a sí misma desde el fondo de su corazón. Sus reflexiones no le sirvieron de mucho consuelo mientras presenciaba los esfuerzos despiadados y catastróficos de una tormenta de viento decidida a destruirla. Luego los vientos se entrelazaron y tomándose de la mano se dirigieron hacia ella en un remolino. Con calma, sola, enfrentándose a su propia destrucción y la devastación que iba multiplicándose por momentos, Rosana le habló en voz alta a la tormenta:

39   —¡Yo *podría* montar al menos a *uno* de ustedes hasta el final de los tiempos! Pero tengo en lo profundo de mi ser una sensación de felicidad y quiero ver qué hacer hoy con ella —y Rosana sonrió.

devastación   Una devastación es un daño terrible o una destrucción completa.

40   Los vientos soplaban a un ritmo ensordecedor. Rosana se paró firme de cara a la tormenta y dijo:

41   —¡Vengan conmigo, vientos!

42   Abrió los brazos bien grandes como si quisiera abrazar a la tormenta. Abrió la boca como si fuera a beber un largo sorbo de agua. Pero en su interior oyó una melodía dulce, fiel y de verdad… Y cuando alzó el corazón, desató el poder de *su* canción de truenos. Era digno de ver: Rosana hacía que los rayos y los truenos subieran y bajaran a su antojo, al compás de *su canción*. Su voz era clara, fiel y de verdad. Bajaba desde la cima de las montañas. Llenaba los valles. Fluía como un río que sanaba el aire que ella respiraba.

43   Los tornados se calmaron con su canción, detuvieron sus agitados vientos y ya no destruyeron nada más. Luego, delicada como el agua que baña a un bebé, cayó una lluvia dulce y abundante que lo empapó todo.

44   Y Rosana se dio cuenta de que al buscar en su propio corazón y tomar de su interior la música que estaba allí dentro, había conseguido tocar el corazón de las nubes.

45   Las historias sobre las asombrosas hazañas de Rosana corrieron como un reguero de pólvora a lo largo y a lo ancho del condado. Y con la misma seguridad de que primero cae un rayo y después se oye el trueno, y que después de llover siempre sale el sol, cuando vean una chispa de luz que parpadea en el cielo pesado y gris como el acero, escuchen el sonido del trueno y piensen en Rosana Tormenta y *su* canción. Esa canción poderosa clavada en la diana del centro de su corazón.

Conversación colaborativa

Trabaja en grupo y comenta las preguntas de abajo. Busca detalles y ejemplos en *Rosana Tormenta* para apoyar tus respuestas. Toma notas para responder las preguntas y úsalas cuando hables. Durante la conversación, intenta conectar tus ideas con lo que dicen los demás.

1. Repasa las páginas 84 y 85. ¿Qué tiene de extraño Rosana en la noche que nace?

2. ¿Qué acontecimientos de la historia demuestran que Rosana es un personaje épico?

3. Repasa las páginas 96 a 98. ¿Qué hace Rosana para detener los dos tornados? ¿Cómo lo logra?

Sugerencia para escuchar

Escucha las ideas de todos. ¿Qué detalle o ejemplo puedes añadir?

Sugerencia para hablar

Vuelve a plantear la idea de uno de los que hablaron y añade un detalle o un ejemplo que esté relacionado.

Escribir un artículo de blog

TEMA PARA DESARROLLAR

En *Rosana Tormenta*, leíste un cuento fantástico sobre un personaje épico que hace cosas increíbles.

Imagina que tienes un blog en el que compartes ideas sobre distintos géneros, o tipos de libros. Te han pedido que escribas sobre personajes y acontecimientos de cuentos fantásticos. Escribe un artículo de blog que explique en qué consiste un cuento fantástico, usando *Rosana Tormenta* como ejemplo. No olvides usar algunas de las palabras del Vocabulario crítico en el texto.

PLANIFICAR

Escribe ejemplos de exageración que hacen que el cuento sea fantástico. Pueden ser características de los personajes, el ambiente y los acontecimientos del cuento.

ESCRIBIR

Ahora escribe tu artículo de blog sobre cuentos fantásticos.

Asegúrate de que tu artículo
☐ presenta el tema.
☐ presenta la información en una forma fácil de seguir.
☐ incluye ejemplos específicos y detalles tomados del texto.
☐ contiene vocabulario literario e incluye definiciones según corresponda.

Observa
y anota
¡Eureka!

Prepárate para leer

ESTUDIO DEL GÉNERO Los **cuentos populares** son historias tradicionales que se transmiten de una generación a otra.

- Los cuentos populares incluyen las creencias e ideas de una cultura.

- Los autores de cuentos populares cuentan la historia a través de la trama, o los acontecimientos principales de la historia. La trama incluye un conflicto, o problema, y la solución, o cómo se resuelve el problema.

- Los cuentos populares incluyen una moraleja o enseñanza.

ESTABLECER UN PROPÓSITO **Piensa en** el título y el género de este cuento popular. ¿Qué te gustaría saber acerca de los personajes de esta historia? Escribe tus ideas abajo.

VOCABULARIO CRÍTICO
austera
generosas
naturaleza
fascinantes

Conoce al autor:
Joe Hayes

En los días del REY ADOBE

versión de Joe Hayes
ilustrado por Ute Simon

1   Había una vez una anciana que vivía sola en una casa pequeñita en las afueras de un pueblo. Era muy pobre, y lo único que tenía para comer eran frijoles, tortillas y polenta. Comía algunas verduras de su huerta, por supuesto, pero llevaba la mayor parte a la feria del pueblo para venderlas o intercambiarlas por las pocas cosas que necesitaba para su humilde vida.

2   Sin embargo, la anciana era muy austera y, como había ahorrado diligentemente (un centavo por día, un centavo por día), logró comprarse un jamón enorme. Lo guardaba colgado de un gancho en un armario fresco y oscuro detrás de la cocina, y solo cortaba una rebanada delgada en días muy especiales... o si tenía la suerte de contar con compañía a la hora de comer.

---

austera   Una persona austera ahorra su dinero y compra solo lo que necesita.

3   Una tarde, dos jóvenes que viajaban por el campo se detuvieron en la casa de la anciana y le preguntaron si podían dormir allí esa noche. La anciana no tenía camas de más, pero les ofreció estirar una manta en el suelo y dejarlos dormir allí. Los jóvenes le dijeron que eso sería suficiente y le agradecieron su amabilidad.

4   —No hay de qué —les dijo la anciana—. Me alegra tener compañía. Ahora, ¡manos a la obra! Haré una cena deliciosa para todos.

5   La anciana sacó sus ollas y sartenes, y luego se acercó al armario y cortó tres rebanadas del jamón: dos rebanadas gruesas y generosas para los viajeros, y una más delgada para ella.

6   Los jóvenes miraban encantados cómo la anciana preparaba el jamón para la cena. Era raro que les ofrecieran una comida tan buena como esa en sus viajes. Pero aquellos dos eran unos bribones y pronto se les ocurrió una maldad. Decidieron que esa noche le robarían el jamón a la anciana mientras dormía.

generosas   Las personas generosas dan o comparten más de lo que es necesario.

7   Después de que todos habían comido y quedado satisfechos, la anciana preparó una cama con mantas en el suelo para los jóvenes. Les dio las buenas noches, les deseó dulces sueños y se fue a dormir a su habitación.

8   Por supuesto que los jóvenes no se durmieron. Recostados en el suelo, bromearon sobre lo fantástico que sería comerse todo ese jamón. Cuando creyeron que la anciana seguramente ya estaría dormida, los jóvenes se levantaron y caminaron de puntillas hasta el armario. Descolgaron el jamón y lo envolvieron en una camisa. Uno de ellos lo colocó dentro de su morral. Luego, ambos se fueron a dormir con una sonrisa. ¡Sí que tuvieron dulces sueños!

9   Pero la anciana tampoco se había dormido. Tantos años de vida le habían enseñado a reconocer la naturaleza de las personas, y había notado la mirada de bribones que tenían los jóvenes. Sabía que debía estar alerta. Cuando oyó que se levantaban, se acercó a la puerta y los espió. Vio todo lo que hicieron.

10   Más tarde esa misma noche, cuando los jóvenes estaban profundamente dormidos, la anciana salió de su habitación sin hacer ruido. Tomó el jamón que estaba en el morral y lo escondió bajo su cama. Luego tomó un ladrillo de adobe, lo envolvió en la camisa y lo colocó en el morral de los jóvenes.

11   Al despertar a la mañana siguiente, los jóvenes tenían prisa por seguir su viaje. Pero la anciana insistió en que desayunaran algo.

12   —Así tendrán energía —les dijo—. El día es largo y tienen mucho por recorrer. Quizá no vuelvan a probar bocado hoy.

> **naturaleza**   La naturaleza de una persona es la clase de persona que es.

107

13   Uno de los jóvenes le guiñó el ojo al otro mientras se sentaba a la mesa y dijo:

14   —Probablemente tenga razón, abuelita, pero ¿quién sabe? Anoche soñé que mi amigo y yo comeríamos bien todo el día.

15   —¿Ah, sí? —respondió la anciana—. Cuéntame más sobre ese sueño que tuviste. Los sueños me parecen fascinantes. Creo que a veces se hacen realidad.

16   El joven decidió seguir burlándose de la anciana. Le sonrió a su amigo y dijo:

17   —Soñé que estábamos comiendo bajo un árbol. Era un paisaje bellísimo. Y el rey de esas tierras se llamaba Juan Mon Primero.

18   —¡Ajá! —agregó el segundo joven—. Ahora recuerdo que tuve el mismo sueño. El reino de Juan Mon Primero se llamaba Vallemorral.

19   Los jóvenes tuvieron que taparse la boca para no soltar una carcajada. Pero la anciana parecía no darse cuenta de nada. De hecho, parecía tomarse muy en serio lo que decían.

20   —¡Pues yo también tuve un sueño parecido anoche! —exclamó la anciana—. Estaba en un reino llamado Vallemorral y Juan Mon Primero era el rey de esas tierras. Pero luego los habitantes honrados del reino lo echaron del trono y pusieron en su lugar al rey Adobe el Grande. Y para algunas personas, ese fue el comienzo de una gran hambruna.

fascinantes   Las cosas que te resultan fascinantes te interesan mucho.

21   —¡Pero qué interesante! —dijeron los dos jóvenes, apretando los labios para no reírse—. En fin, fue solo un sueño.

22   Los dos bribones terminaron el desayuno de prisa y siguieron su viaje, riéndose de la inocente anciana. Durante toda la mañana siguieron haciendo bromas sobre la anciana mientras caminaban. Cerca del mediodía, comenzaron a sentir el cansancio. Se sentaron a descansar bajo la sombra de un árbol.

23   —A ver, a ver... —dijo el primer joven mientras se recostaba y cerraba los ojos—. ¿No te parece que es hora de que los sueños se hagan realidad? Aquí estamos, sentados bajo un árbol, como en mi sueño. Abre el reino de Vallemorral. Mi estómago me pide que visite al rey de estas tierras.

24 —Claro que sí —dijo el otro—. Veamos cómo está nuestro amigo Juan Mon Primero.

25 El joven abrió su morral y sacó el bulto que estaba envuelto en la camisa. Riéndose, abrió la camisa lentamente. De pronto, se le borró la sonrisa.

26 —¡Ay, no! —se lamentó—. La anciana sabía más sobre los sueños de lo que pensábamos.

27 —¿Por qué? —preguntó el otro.

28 —Bueno —respondió—, nos dijo que Juan Mon Primero había sido expulsado del trono, ¿no es cierto?

29 —Sí.

30 —¿Y recuerdas a quién pusieron en su lugar?

31 Su amigo se rio y dijo:

32 —¡A Adobe el Grande! ¿De dónde habrá sacado ese nombre?

33 —Probablemente de aquí —dijo el joven—. Mira.

34 Su amigo abrió los ojos.

35 —Ya veo —dijo, molesto—. Y también veo qué quiso decir la anciana con lo del comienzo de una gran hambruna. ¡Me muero de hambre!

36 Después de pasar hambre durante varios días, los dos jóvenes conocieron a otra anciana amable que les sirvió una comida abundante. Esta vez ni se les ocurrió hacer ninguna maldad.

Conversación colaborativa

Vuelve a leer lo que escribiste en la página 102. Dile a un compañero las dos cosas que más te gustaron sobre este cuento popular. Luego trabaja en grupo y comenta las preguntas de abajo. Busca detalles y ejemplos en *En los días del rey Adobe* para explicar tus respuestas. Toma notas para responder las preguntas y úsalas cuando hables.

1 Vuelve a leer la página 104. ¿Qué pistas da el autor sobre cómo es la vida de la anciana?

2 Repasa las páginas 108 y 109. ¿Con qué objetivo cuenta su sueño cada uno de los personajes?

3 ¿Qué detalles del texto indican que la anciana es lista?

Sugerencia para escuchar

Escucha y presta atención a los argumentos que presentan los demás y la evidencia con la que apoyan sus ideas.

Sugerencia para hablar

Después de que una persona presente una idea y su evidencia, vuelve a plantear la idea y explica por qué estás de acuerdo o no.

Escribir una reseña

TEMA PARA DESARROLLAR

En los días del rey Adobe cuenta cómo dos hombres intentan engañar a una buena mujer.

Imagina que tu clase tiene un sitio web donde los estudiantes pueden publicar reseñas de los cuentos que se han leído en clase. Escribe una reseña de *En los días del rey Adobe* en la que le pones una calificación al cuento y dices si crees que a otros estudiantes les gustaría leerlo. Asegúrate de indicar las razones de tu calificación y piensa a qué tipos de lectores les gustaría el cuento. No olvides usar algunas de las palabras del Vocabulario crítico en el texto.

PLANIFICAR

Toma notas sobre el tema del cuento, la trama y los personajes. Presta atención a lo que te gusta y lo que no te gusta del cuento.

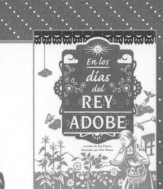

ESCRIBIR

Ahora escribe tu reseña de *En los días del rey Adobe*.

✓

Asegúrate de que tu reseña

☐ comienza con un breve resumen del cuento.

☐ enuncia claramente tu opinión sobre el cuento.

☐ incluye las razones de tu opinión.

☐ incluye evidencia específica del texto para apoyar tus razones.

☐ termina con una conclusión que dice a los lectores si recomiendas
el cuento o no.

Prepárate para leer

ESTUDIO DEL GÉNERO Una **fábula** es un cuento corto que enseña una lección. Los **cuentos de astucia** son cuentos imaginativos en los que un personaje engaña a otro.

- Las fábulas enseñan una lección, llamada moraleja, que las personas deberían aplicar en sus vidas. A veces la moraleja aparece al final de la fábula.

- Los personajes de las fábulas suelen ser animales que se comportan como personas.

- Los cuentos de astucia incluyen un personaje inteligente que sabe más de lo que aparenta.

ESTABLECER UN PROPÓSITO **Mira** las imágenes de los personajes de los dos cuentos de *Un par de timadores*. ¿Qué te gustaría saber sobre estos personajes? Escribe tus ideas abajo.

VOCABULARIO CRÍTICO

suculenta

se escabulló

Desarrollar el contexto:
Cuentos de astucia

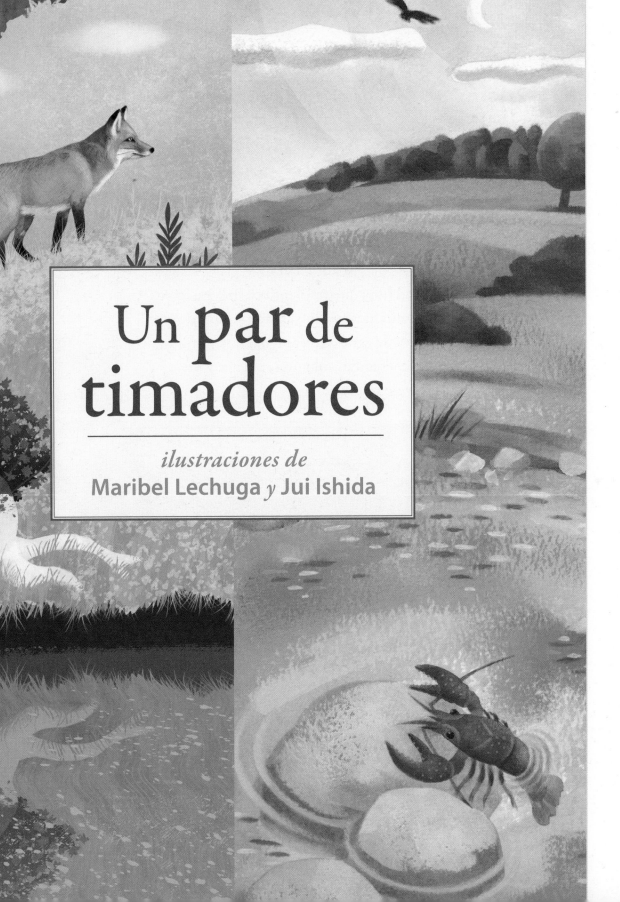

Un **par** de timadores

ilustraciones de
Maribel Lechuga *y* **Jui Ishida**

El zorro y el cuervo

por Esopo

1   Había una vez un zorro que vio volar a un cuervo con un pedazo de queso en el pico y posarse en la rama de un árbol.

2   —Eso es para mí, porque yo soy un zorro —dijo el señor Zorro y fue caminando hasta el pie del árbol—. Buenos días, señor Cuervo —gritó—. Se ve muy bien usted hoy: qué resplandecientes están sus plumas, qué brillantes sus ojos. Estoy seguro de que su voz supera la de otras aves, al igual que su figura. Permítame escuchar tan solo una canción y lo llamaré el Rey de las Aves.

3   El cuervo levantó la cabeza y comenzó a graznar lo mejor que pudo. Pero ni bien abrió la boca, el pedazo de queso cayó al suelo. Y enseguida, el zorro lo tomó de un mordiscón.

4   —Con eso basta —dijo el zorro—. Eso era todo lo que quería. A cambio de su queso, le daré un consejo para el futuro.

"No confíe en los halagadores".

El cuervo y la langosta

por John y Caitlín Matthews

1   Un día, Cuervo iba volando de regreso a su nido cuando divisó una langosta suculenta que nadaba en un lago. Bajó en picada y atrapó a la langosta gorda con su pico, pensando en el banquete que se iba a dar cuando llegara a su hogar en la copa del árbol.

2   Langosta estaba aterrada. Sabiendo que en unos segundos iba a convertirse en la cena de un cuervo, comenzó a hablar con tanta calma y dulzura como pudo:

3   —¡Oh, gran y poderoso Cuervo! Es un inmenso placer conocerlo. Le cuento que hace poco cené con su padre y su madre. ¡Qué pareja tan agradable!

4   —Gacia —dijo Cuervo, porque tenía el pico apretado mientras sostenía con fuerza su cena.

5   —Y muchas veces he notado que sus hermanas y hermanos son encantadores. ¡Qué familia tan magnífica tiene usted! —continuó Langosta.

> **suculenta**   Si una comida es suculenta, es sabrosa y nutritiva.

6   —Gacia —dijo Cuervo con el pico cerrado como un candado, ansioso por comer su cena.

7   —Por supuesto, todos ellos son majestuosos —dijo Langosta—. Pero ninguno es igual a usted. Usted es el cuervo más inteligente de todos... No, eso no es suficiente. Créame; usted es la criatura más inteligente de todas las criaturas desde que se creó el mundo.

8   Cuervo estaba tan encantado con todos los halagos que abrió el pico para decir que estaba de acuerdo. Antes de poder decir una palabra, Langosta se escabulló y volvió a caer al lago que estaba debajo, donde desapareció en el agua profunda y oscura. Esa noche, la criatura más inteligente de todas las criaturas desde que se creó el mundo se quedó sin su cena.

> **se escabulló**   Si algo o alguien se escabulló, se fue o se escapó sin que nadie se diera cuenta.

Conversación colaborativa

Vuelve a leer lo que escribiste en la página 114. Cuéntale a un compañero dos cosas que hayas aprendido en este texto. Luego trabaja en grupo y comenta las preguntas de abajo. Busca detalles y ejemplos en *Un par de timadores* para explicar tus respuestas. Toma notas para responder las preguntas y úsalas cuando hables. Asegúrate de que todos los miembros de tu grupo puedan oír y comprender la conversación.

1. Vuelve a leer la página 116. ¿Qué puedes saber sobre el zorro por lo que le dice al cuervo?

2. Repasa las páginas 118 a 120. ¿Sobre quién habla primero Langosta? ¿Y después? ¿Por qué dice que Cuervo es "la criatura más inteligente de todas las criaturas"?

3. ¿En qué se parecen estos dos cuentos? ¿En qué se diferencian?

Sugerencia para escuchar

Piensa en las conclusiones que puedes sacar a partir de lo que otra persona dice. ¿Su afirmación cambia o apoya tus ideas?

Sugerencia para hablar

Di cada palabra con claridad. Usa oraciones completas y sigue las reglas de la gramática para expresar ideas y opiniones fundamentadas.

Escribir un párrafo de comparación y contraste

En *Un par de timadores*, leíste dos versiones de una fábula en la que un cuervo aprende una lección importante.

Imagina que escribes para el sitio web de literatura de tu escuela. Escribe un párrafo en el que compares y contrastes las dos versiones de la fábula. Resume brevemente cada fábula y explica en qué se parecen y se diferencian. No olvides usar algunas de las palabras del Vocabulario crítico en el texto.

PLANIFICAR

Toma notas sobre los personajes y el lenguaje que se usa en cada versión de la fábula.

Ahora escribe tu párrafo.

✓	**Asegúrate de que tu párrafo**
☐	presenta las fábulas.
☐	incluye quiénes son los personajes principales y los acontecimientos.
☐	incluye la lección que el cuervo aprendió y cómo la aprendió.
☐	termina con una oración de cierre.

Prepárate para leer y ver un video

ESTUDIO DEL GÉNERO Las **leyendas** son historias del pasado que mucha gente cree, pero que no se puede demostrar que sean ciertas. Las leyendas pueden explicar el origen de algunas cosas.

- El personaje principal se conoce como héroe. La trama incluye al héroe que supera un obstáculo.
- Los acontecimientos o los personajes tienen cualidades épicas.

Los diez soles

Los **videos de ficción** cuentan historias con elementos visuales y audio. Un narrador cuenta un cuento mientras las imágenes de la pantalla apoyan la historia.

ESTABLECER UN PROPÓSITO **Piensa en** el título y el género de este texto y video. ¿De qué crees que se tratará? ¿En qué crees que se diferenciarán el texto y el video? Escribe tus ideas abajo.

Conoce al autor:
Eric Kimmel

VOCABULARIO CRÍTICO

gratitud

se marchitaron

ardiente

imprudente

supuso

progresar

DIEZ SOLES

Una leyenda china

narrada por ERIC A. KIMMEL
ilustrada por
YONGSHENG XUAN

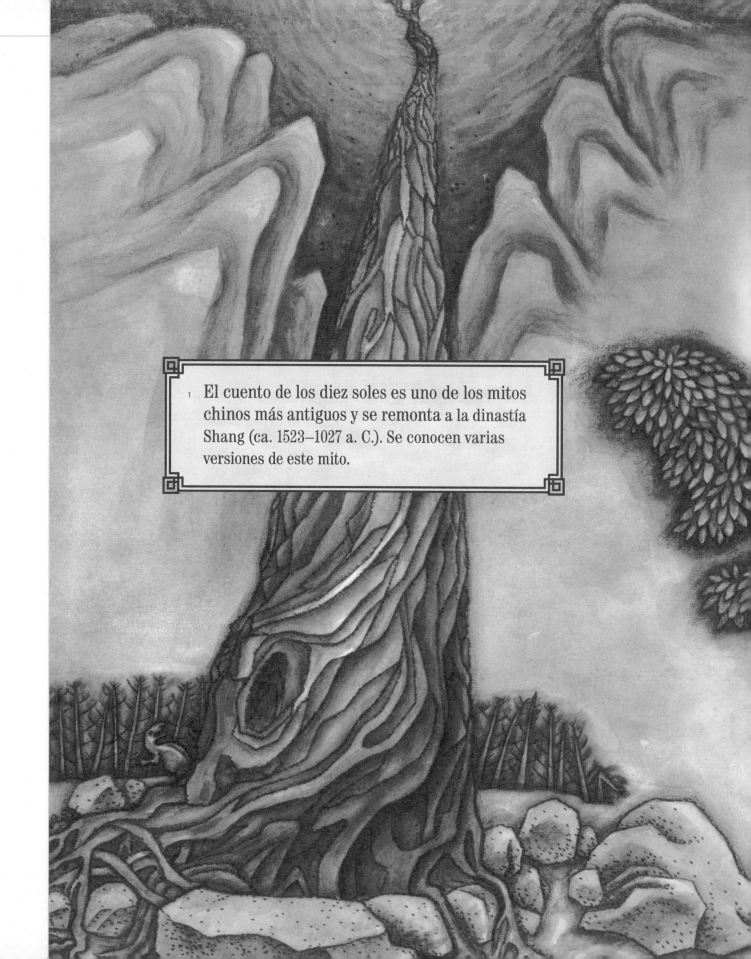

1 El cuento de los diez soles es uno de los mitos chinos más antiguos y se remonta a la dinastía Shang (ca. 1523–1027 a. C.). Se conocen varias versiones de este mito.

2 Hace mucho tiempo, cuando el mundo era nuevo, había un árbol de moras gigante que crecía en el extremo más lejano de la orilla del mar, cerca del lado este del horizonte. Las raíces del árbol se hundían en las profundidades de la tierra. Las ramas rozaban el cielo.

3 En las ramas más altas de ese árbol, se alzaba un palacio de jade. El techo estaba cubierto de láminas de oro cinceladas a mano. Las ventanas estaban hechas con hojas delgadísimas de amatista y lapislázuli. Ese era el palacio de Di Jun, el emperador del este, el dios que gobernaba las regiones del cielo donde sale el sol.

4   En aquellos tiempos había diez soles: los hijos de Di Jun y su
esposa, Xi He. Los diez soles nunca caminaban juntos por el cielo.
Eso generaría demasiado calor, y el mundo no podría soportarlo.
Por esa razón, todas las mañanas antes del amanecer, Xi He
despertaba a uno de sus hijos. Ambos subían al carro tirado por
dragones y conducían hasta un punto ubicado en el lado este del
horizonte. Desde allí, el hijo de Xi He comenzaba su caminata.

5   Todos los días uno de los soles caminaba por el cielo, del este al
oeste. Cuando las personas que estaban en la tierra veían al sol
cruzar el cielo, con su calor y su luz, les daban las gracias a Di Jun,
Xi He y su familia.

6 Pero a los niños no les importaba la gratitud de las personas de la tierra ni lo fundamental que era su trabajo. Creían que su tarea era aburrida. Día tras día, año tras año, siglo tras siglo, hacían el mismo recorrido por el cielo. No había nadie con quien hablar, nada nuevo para ver ni nada que hacer más que recorrer el mismo camino interminable una y otra vez.

gratitud Cuando sientes gratitud por algo, estás agradecido.

129

7   Una noche, cuando los hijos de Di Jun estaban acostados en la cama, comenzaron a hablar. Huo Feng Huang, el mayor, dijo:

8   —No me molestaría tanto hacer el recorrido si pudiera hacerlo con alguien.

9   —A mí me pasa lo mismo —contestó Pi Li Xing, el más joven—. Mañana hagamos algo diferente. ¿Qué les parece si todos nos despertamos temprano, subimos al carro y caminamos juntos por el cielo?

10   —¡Qué idea más fantástica! —exclamaron todos.

11   Cuando todavía era de noche, y mientras sus padres dormían, los niños se levantaron, se pusieron las prendas más brillantes que tenían, engancharon los dragones al carro de su madre y se dirigieron hacia el lado este del horizonte a través del cielo poblado de estrellas. Entre risas y charlas, todos abrazados, comenzaron la caminata.

12   Al amanecer, las personas de la tierra se quedaron heladas al ver diez soles asomándose en el horizonte. El mundo no podía soportar el calor abrasador de diez soles que brillaban al mismo tiempo. Los cultivos de los campos se marchitaron. Los bosques se incendiaron. Los lagos y los ríos se secaron. Las montañas se derrumbaron. El mar comenzó a hervir. Las personas y los animales sentían que se desvanecían. Se tendían en el suelo ardiente a esperar la muerte.

se marchitaron   Si las plantas se marchitaron, es porque se secaron y murieron.

ardiente   Cuando algo está ardiente, está muy, muy caliente.

13   El gran emperador Shun, que gobernaba las naciones
del mundo, le gritó al dios del este, Di Jun:

14   —¿Por qué nos castigas? ¿Qué hemos hecho las
criaturas de la tierra para merecer este destino tan
terrible? ¿Acaso no hemos seguido los ritos adecuados?
¿No hemos hecho los sacrificios correctos? ¿Por qué nos
envías a tus hijos para que nos destruyan?

15   Los gritos del emperador despertaron a Di Jun y Xi He, que se asomaron por la ventana del palacio de jade. A lo lejos, vieron a sus diez hijos marchando juntos por el cielo. Di Jun y Xi He los llamaron:

16   —¡Regresen de inmediato! ¡Dejen de caminar!

17   Pero los niños no les hicieron caso. La tierra estaba muy lejos. No podían ver el daño que causaban. Treparon alto, bien alto, hasta llegar al lugar donde se posa el sol al mediodía.

18   Di Jun no podía permitir que el mundo se destruyera. El futuro de todos los seres vivos dependía de él. Si sus hijos no terminaban su caminata imprudente, él tendría que detenerlos. Di Jun llamó a Hu Yi, el Arquero del Cielo.

imprudente   Una persona imprudente hace cosas sin pensar en las consecuencias.

19   Hu Yi había sido hombre. Él inventó el arco y la flecha y trajo al mundo la ciencia de la arquería. Como recompensa por su descubrimiento, los dioses lo ubicaron en el cielo, entre las constelaciones.

20   Di Jun le entregó a Hu Yi un arco mágico y diez flechas mágicas. Con lágrimas en los ojos, le pidió:

21   —Derriba a mis hijos, los diez soles, que están quemando la tierra.

22   Hu Yi se negó:

23   —¿Cómo podría yo hacerles daño a tus hijos? Los siento como si fueran míos. Yo mismo les enseñé a disparar con arco y flecha. Los dos los amamos, aunque nos desobedezcan.

24 —Pero yo también amo a las criaturas de la tierra, y debo protegerlas —le dijo Di Jun a Hu Yi—. No temas. No les harás daño a los niños. No saldrán heridos, sino que se transformarán. Nunca más podrán recorrer el cielo como soles. Dejarán de ser dioses. ¡Rápido! Haz lo que te ordeno. No hay tiempo que perder. La tierra se está muriendo.

25 Hu Yi tomó el arco y las flechas de Di Jun. Montado en su caballo, bajó a la tierra cabalgando sobre el viento. Cuando llegó a la cima de la montaña Blanca, se paró con firmeza y apuntó su flecha con precisión.

26   Hu Yi soltó la cuerda del arco. La flecha mágica salió disparada por el cielo. Le dio al primero de los diez soles, que estalló en pedazos.

27   Una a una, las flechas de Hu Yi alcanzaban su objetivo. Cada sol, al explotar, llenaba el cielo con una luz deslumbrante. Los niños caían a la tierra, pero no morían. Se transformaban en pájaros de plumas negras. Se convertían en cuervos.

28   El emperador Shun vio cómo los soles explotaban en el cielo. De repente, se dio cuenta de que si Hu Yi los destruía a todos, no habría más calor ni luz. La tierra quedaría sumergida en una helada oscuridad.

29   No había tiempo que perder. El emperador Shun llamó a su mensajero más veloz y le dijo:

30   —Ve hasta la cima de la montaña Blanca. Busca a Hu Yi. Quítale una flecha de su aljaba para que no pueda derribar a todos los soles.

31   El mensajero montó su caballo. Cabalgó más rápido que nunca hasta llegar a la cima de la montaña Blanca. Allí vio a Hu Yi. A esa altura, solo quedaba un sol en el cielo. El mensajero quitó la última flecha de la aljaba justo cuando el Arquero del Cielo estaba por tomarla. Al ver que no había más flechas mágicas, Hu Yi supuso que había terminado su trabajo. Se quitó el arco y cabalgó sobre el viento, de regreso a las estrellas.

---

supuso   Si alguien supuso algo, creyó que era verdad sin tener pruebas.

32   Desde ese día, en las alturas brilla un solo sol. Todas las mañanas, los cuervos se reúnen en la montaña Blanca para saludar el amanecer. "¡Cra-cra!", llaman a su hermano, el sol, cuando comienza su caminata solitaria por el cielo.

33   Aún recuerdan que, alguna vez, ellos también fueron dioses, y esperan que llegue el día en que sus padres, Di Jun y Xi He, los perdonen.

Los diez soles

Mientras miras _Los diez soles_, observa cómo se cuenta la historia mediante la combinación del sonido y las imágenes. ¿En qué se diferencia la forma de contar esta historia de la leyenda que acabas de leer? ¿De qué manera las imágenes y la música apoyan la historia? Escribe tus ideas abajo.

Presta atención a la palabra de Vocabulario crítico _progresar_. Busca pistas en las imágenes para descubrir el significado de la palabra. Toma notas en el espacio de abajo sobre cómo se usó.

progresar   Si progresas, avanzas o mejoras.

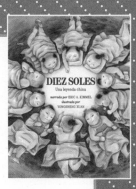

Conversación colaborativa

Trabaja en grupo y comenta las preguntas de abajo. Usa detalles del texto y del video para apoyar tus respuestas. Toma notas para responder las preguntas y úsalas cuando hables. Durante la conversación, mira a todos los que hablan para demostrarles que estás escuchando.

1 Repasa las páginas 130 y 131. ¿Por qué la decisión que tomaron los soles de viajar juntos causa problemas para la Tierra?

2 Repasa las páginas 138 y 139. ¿Qué problema tendrá la Tierra si el arquero derriba a los diez soles? ¿Cuál es la solución de Di Jun?

3 ¿Qué les sucede a los diez soles al final de cada versión de la leyenda?

Sugerencia para escuchar

Observa cómo cada persona que habla usa gestos y expresiones faciales para apoyar sus ideas.

Sugerencia para hablar

Cuando hablas, haz contacto visual con los integrantes del grupo para saber si comprenden tus ideas.

Escribir una leyenda

TEMA PARA DESARROLLAR

En *Diez soles*, leíste una leyenda china. También viste otra versión en un video.

Imagina que tu clase está haciendo un libro con diferentes versiones de *Diez soles*. Escribe una nueva versión de la leyenda. No olvides usar algunas palabras del Vocabulario crítico en el texto.

PLANIFICAR

Toma notas sobre la secuencia de los acontecimientos en el texto. Luego, haz inferencias sobre los acontecimientos que podrías usar para escribir una nueva versión de la leyenda.

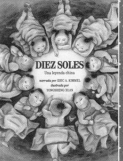

Ahora escribe tu nueva versión de *Diez soles*.

Asegúrate de que tu leyenda

☐ comienza con una introducción.

☐ incluye diálogo y descripciones para mostrar todo lo que ocurre.

☐ describe los acontecimientos en el orden en que ocurren.

☐ cuenta cómo se resuelve el problema de los diez soles.

☐ incluye palabras y frases de transición para ayudar al lector a seguir los acontecimientos.

 Pregunta esencial

¿Qué lecciones puedes aprender de los personajes de cuentos tradicionales?

Escribir un cuento de astucia

TEMA PARA DESARROLLAR Piensa en los cuentos que leíste en este módulo.

Imagina que tu clase tiene un podcast, o emisión multimedia para descargar de internet, en la que cuentan cuentos. Escribe tu propio cuento de astucia para leer en voz alta en el podcast. Piensa en la lección que quieres compartir con tus oyentes. Luego, escribe un cuento nuevo para enseñar esta lección. Aplica lo que has aprendido sobre los cuentos de astucia y los personajes de los cuentos que leíste para enseñar tu lección.

✔ Asegúrate de que tu cuento de astucia
☐ presenta los personajes y el ambiente.
☐ tiene una trama que enseña una lección.
☐ presenta los acontecimientos en un orden lógico.
☐ contiene diálogos, descripciones y detalles sensoriales.
☐ tiene una conclusión que cierra el cuento y recuerda a los lectores cuál es la lección.

PLANIFICAR .... **Identifica elementos del cuento.**

¿Quién será el timador de tu cuento? ¿A quién intentará engañar el timador? ¿Por qué el timador quiere engañar al otro personaje? ¿Qué lección enseñarás? Vuelve a leer tus notas, los textos y el video si es necesario.

En la siguiente tabla, escribe sobre tus personajes y el problema que enfrentan además de la lección o moraleja del cuento. Usa las palabras del Vocabulario crítico cuando corresponda.

Mi cuento de astucia: ______________________________

Personajes	¿Cómo es engañado el personaje?	¿Qué sucede realmente?	Lección o moraleja

HACER UN BORRADOR .... Escribe tu cuento.

Escribe un **principio** sólido que describa el ambiente y los personajes. Describe el problema que quiere resolver el timador.

En el **desarrollo** de tu cuento, cuenta cómo el timador resolverá este problema en un orden que tenga sentido.

Escribe un **final** para tu cuento que muestre cómo se resuelve el problema. Asegúrate de incluir la lección que aprenden los personajes.

En los pasos de revisión y edición puedes leer con atención lo que escribiste y hacer cambios. Con un compañero, decide si tu descripción de los acontecimientos es clara para los lectores. Usa estas preguntas como ayuda para evaluar y mejorar tu cuento.

PROPÓSITO/ ENFOQUE	ORGANIZACIÓN	EVIDENCIA	LENGUAJE/ VOCABULARIO	CONVENCIONES
☐ ¿Dije cuál era el problema que el timador quiere resolver? ☐ ¿Incluí una lección?	☐ ¿Mi cuento tiene un principio, un desarrollo y un final claros? ☐ ¿Conté los acontecimientos en un orden que tiene sentido?	☐ ¿Usé personajes de las selecciones? ☐ ¿Incluí diálogos y detalles sensoriales para explicar lo que sucede?	☐ ¿Usé palabras como *primero, después, esa tarde* y *por último* para mostrar el orden de los acontecimientos?	☐ ¿Está correcta la ortografía? ☐ ¿Comencé todos los párrafos nuevos con sangría?

PUBLICAR ·· Comparte tu trabajo.

Crear la versión final Elabora la versión final de tu cuento. Puedes incluir ilustraciones o presentarla en un formato de novela gráfica. Considera estas opciones para compartir tu cuento:

1 Manda tu cuento a un amigo o familiar por correo electrónico.

2 Lee tu cuento en voz alta a tus compañeros.

3 Reúne los cuentos de tus compañeros y escanéalos para crear un libro digital. Publica el libro de la clase en el sitio web de tu escuela.

Ideas que nutren

"Somos lo que comemos."

—dicho estadounidense

¿Cómo podemos elegir alimentos más saludables?

Video de
Mentes curiosas

Palabras acerca de los alimentos y la nutrición

Las palabras de la tabla te ayudarán a hablar y escribir sobre las selecciones de este módulo. ¿Cuáles de las palabras acerca de los alimentos ya has visto antes? ¿Cuáles son nuevas para ti?

Completa la Red de vocabulario de la página 151. Escribe sinónimos, antónimos y palabras y frases relacionadas para cada palabra acerca de los alimentos.

Después de leer cada selección del módulo, vuelve a la Red de vocabulario y añade más palabras. Si es necesario, dibuja más recuadros.

PALABRA	SIGNIFICADO	ORACIÓN DE CONTEXTO
digerir (verbo)	Cuando digieres los alimentos, estos se mueven por tu cuerpo hacia tu estómago.	Algunos alimentos, como la carne y el queso, llevan más tiempo para digerir.
sostenible (adjetivo)	Si usas un recurso natural que es sostenible, este es capaz de mantenerse en cierto nivel y no dañar el medio ambiente.	Los agricultores están intentando producir alimentos de forma sostenible.
compost (sustantivo)	El compost está formado por desechos de plantas y se usa para fertilizar el suelo.	El compost que hacemos es para fertilizar nuestro huerto.
nutrición (sustantivo)	Si tienes una buena nutrición, comes los alimentos adecuados para mantenerte sano y crecer.	Una buena nutrición consiste en comer frutas y verduras frescas y proteínas magras.

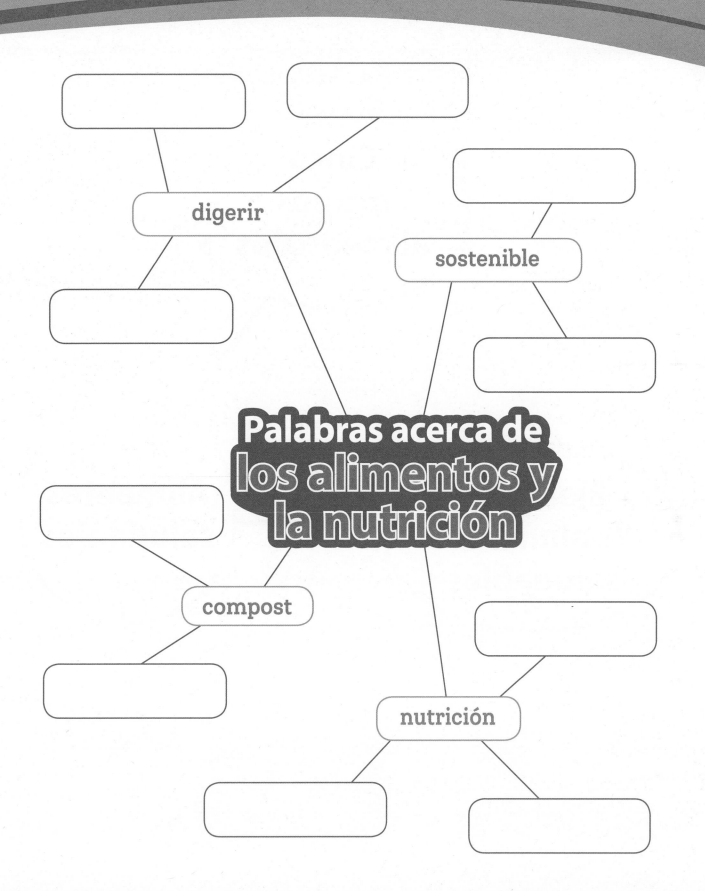

digerir

sostenible

Palabras acerca de los alimentos y la nutrición

compost

nutrición

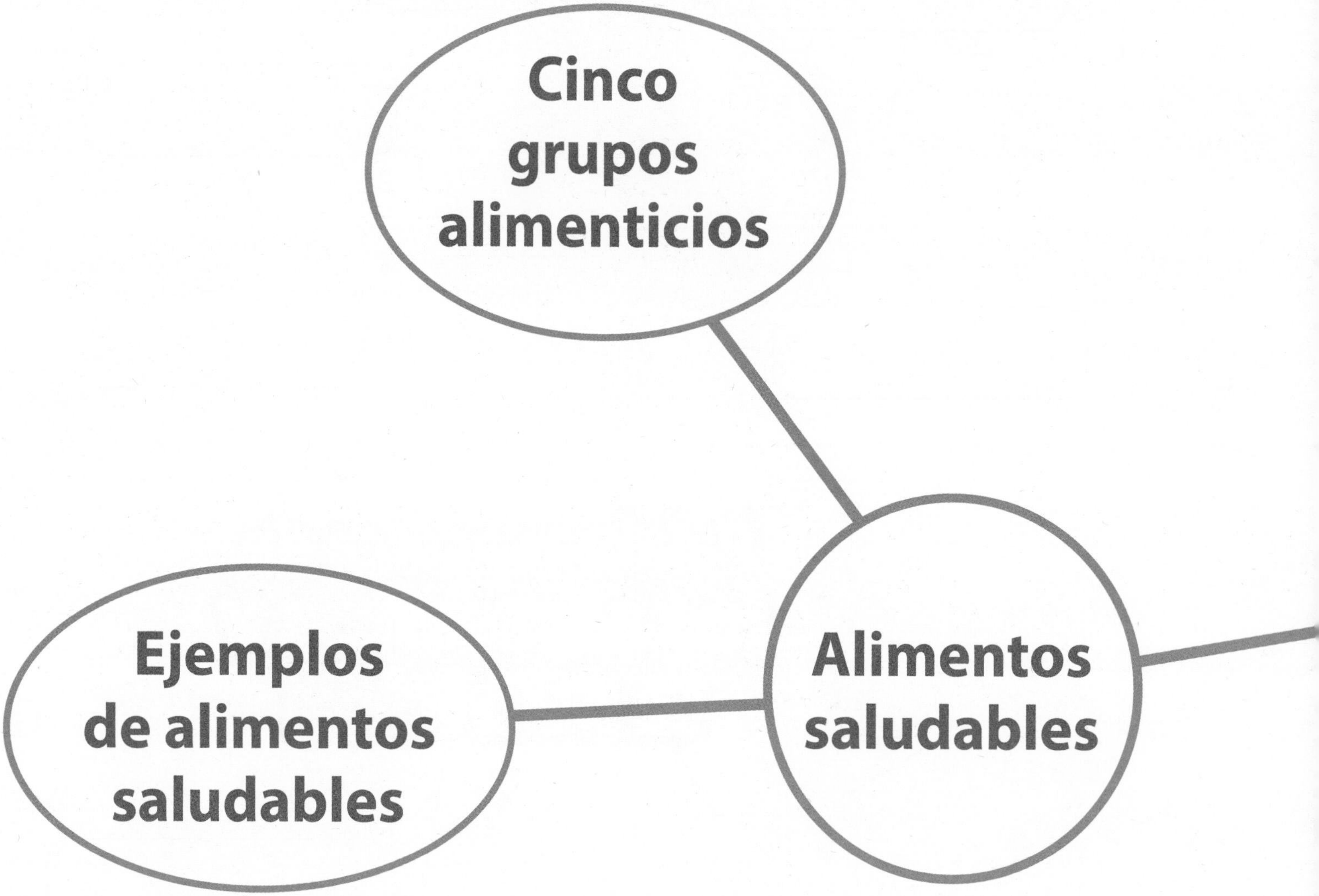

Cinco
grupos
alimenticios

Ejemplos
de alimentos
saludables

Alimentos
saludables

Alimentos ecológicos

Lectura breve

¡A tu salud!

1   La buena **nutrición** es una de las claves para la buena salud. Cuando comes bien, tu cuerpo **digiere**, o descompone, las vitaminas, los minerales y otros nutrientes para que puedas crecer fuerte y estar bien.

Sano tú, sano el planeta

2   Comer bien puede ayudar tanto al planeta como a tu cuerpo. Cuando haces las compras con tu familia, busca alimentos **sostenibles**, que suelen ser naturales y producidos localmente, como las frutas y los vegetales.

3   Algunas personas hacen compost con restos de frutas, vegetales y otros desechos orgánicos. El compost puede usarse en los huertos caseros. En muchos municipios también se juntan los desechos de alimentos para hacer compost. ¡Esa es una buena noticia!

ChooseMyPlate.gov

Sírvame, por favor

4   Hay cinco grupos alimenticios: las proteínas, los granos, los vegetales, las frutas y los lácteos. De acuerdo con el Departamento de Agricultura de Estados Unidos (USDA, por sus siglas en inglés), debemos intentar comer un poco de cada grupo todos los días. Esta es la recomendación de la USDA para el consumo diario de los niños de 9 a 13 años.

5   Las **frutas** y los **vegetales** mantienen tu corazón sano y te protegen de enfermedades.

1½ tazas de fruta y
2 o 2 ½ tazas de vegetales

6   Las grasas no son un grupo alimenticio, pero brindan nutrientes importantes. La USDA recomienda ingerir no más de 5 cucharaditas al día.

7   Las etiquetas nutricionales te ayudan a elegir alimentos buenos, pero son complicadas. De hecho, leerlas puede ser muy confuso. Este diagrama intenta explicártelas.

8   El Valor Diario (VD) indica cómo los nutrientes en una porción de alimento contribuyen a la dieta diaria total. Se toma una dieta de 2,000 calorías diarias como parámetro general de nutrición.

9   La lista de números que está a la derecha te indica qué porcentaje de estos nutrientes sugiere la USDA para el consumo diario de un adulto. ¿Cuántas porciones de este alimento alcanzarían el valor diario recomendado de grasa?

Información nutricional

8 porciones por envase
Tamaño de la porción   **2/3 de taza**

Cantidad por porción
Calorías   **370**

	% de valor diario*
Grasa total 5g	**7%**
Grasas saturadas 1g	**5%**
Grasas trans 0 g	
Colesterol 0mg	**0%**
Sodio 150mg	**0%**
Total de carbohidratos 48g	**15%**
Fibra alimentaria 5g	**14%**
Azúcares totales 13g	
Incluye 10 g de azúcar agregada	**20%**
Proteína 12g	
Vitamina A 10 mcg	20%
Vitamina C 1mg	100%
Vitamina D 1mcg	50%
Vitamina E 2mcg	100%
Riboflavina 5mcg	75%
Ácido fólico 200mcg	60%
Tiamina 2mcg	35%
Vitamina B12 5mcg	100%
Zinc 7mg	50%
Biotina 300mcg	100%
Calcio 50mcg	25%
Fósforo 90mcg	90%
Magnesio 400mcg	100%
Cromo 75mcg	80%
Potasio 5g	100%

*El Valor Diario (VD) indica cómo los nutrientes en una porción de alimento contribuyen a su dieta diaria total. Se toma una dieta de 2,000 calorías diarias como parámetro general de nutrición.

10 Las calorías miden la energía que brinda un alimento. Aquí, la etiqueta nos dice que 1 taza contiene 370 calorías.

11 Tu cuerpo no necesita mucho de estos nutrientes, así que busca alimentos con menos cantidad.

12 Tu cuerpo no necesita azúcar agregada, así que busca alimentos con bajo contenido de este nutriente.

13 Tu cuerpo necesita estos nutrientes. Busca alimentos que los tengan en gran cantidad.

Este alimento brinda el 20 por ciento del calcio que necesitas por día. ¿Cuántas porciones te darían el valor diario recomendado?

14 La **proteína** se encuentra en la carne, el pescado, los frijoles, los huevos, los frutos secos y las semillas. Las proteínas te ayudan a tener piel, sangre, huesos y músculos sanos.

5 onzas de proteína al día (1 onza equivale a una rebanada de fiambre, un huevo o una cucharada de mantequilla de maní).

15 Los lácteos, tales como la leche, el queso y el yogur, tienen calcio y otros minerales. Esos nutrientes ayudan a tener huesos y dientes fuertes.

3 tazas de lácteos al día (1 taza equivale a 1 ½ onzas de queso o un yogur de 8 onzas).

16 Los granos integrales, como la harina, el arroz o la avena integrales, ayudan a tu cuerpo a generar energía y le brindan determinadas vitaminas y nutrientes.

5 a 6 onzas de granos todos los días (1 onza equivale a una rebanada de pan o ½ taza de pasta, cereal o arroz cocido).

Observa
y anota
Contrastes y
contradicciones

Prepárate para leer

ESTUDIO DEL GÉNERO ▷ Los **textos informativos** brindan datos y ejemplos sobre un tema.

- Los autores de textos informativos pueden organizar sus ideas planteando un problema y explicando su solución.

- Los textos informativos incluyen elementos visuales, como cuadros, diagramas, gráficas, líneas de tiempo y mapas.

- Los textos de ciencias pueden incluir instrucciones o experimentos. Están organizados en una serie de pasos numerados.

ESTABLECER UN PROPÓSITO ▷ **Piensa en** el título y el género de esta selección. ¿Qué sabes acerca de ser ecológico? ¿Qué te gustaría aprender acerca de este tema?

**Desarrollar el contexto:
Comida saludable**

VOCABULARIO CRÍTICO

evaluar

descartables

útiles

transportan

hidratado

impacto

artificial

COMIDA ecológica

por Cath Senker

¿Eres derrochador o responsable?

1 ¿Qué cambios rápidos y simples puedes hacer para que tus comidas y bebidas sean más ecológicas, baratas y buenas para la salud? ¡Primero debes **evaluar** lo que haces! ¿Eres derrochador o responsable? Mira esta lista de elementos **descartables** y fíjate cuáles usas en tu almuerzo:

- un sándwich en una caja de cartón o de plástico
- una ensalada en una caja de plástico
- papas fritas, barras de cereales o galletas en envoltorios de plástico
- envases de yogur
- una bebida en cartón o botella
- cubiertos de plástico
- bolsas de plástico.

2 Si usas muchos elementos descartables en tu almuerzo, ten en cuenta las ideas de abajo. O, si cenas pastas o arroz, ¿por qué no preparas un poco de más para el almuerzo del día siguiente?

1. Incluye un carbohidrato (pan, pastas, arroz).

2. Escoge verduras frescas de estación o enlatadas.

3. Añade proteínas (carne cocida, pescado enlatado, queso, legumbres cocidas).

4. Lleva fruta o añade pedacitos de fruta a un yogur natural (tomado de un envase grande).

5. Pon la comida y el yogur en recipientes para alimentos.

6. Llena una botella (de plástico resistente o metal) con jugo o agua.

evaluar Evaluar algo significa analizarlo con cuidado.
descartables Las cosas descartables se arrojan a la basura una vez que se usaron.

Bocadillos ecológicos

3 Es difícil organizarse y tener lista la comida de todos los días. En la escuela primaria Ithaca Creek State, en Australia, los empleados de la cafetería hacen sándwiches y ensaladas con productos frescos, algunos de ellos tomados del huerto de la escuela. Los sándwiches y las comidas se preparan por pedido, y así se desperdicia menos comida. Lo que sobra se usa como abono junto con las cáscaras de las frutas y las verduras. El líquido del abono fertiliza el huerto y ¡el ciclo vuelve a comenzar!

Comidas orgánicas procesadas

4 Las comidas y los bocadillos orgánicos que se venden empaquetados son **útiles**, pero ¿son mejores para el medio ambiente?

Ventajas

5 Los ingredientes son productos orgánicos. Este tipo de productos no contiene fertilizantes químicos que dañan la naturaleza.

Desventajas

6 Procesar alimentos requiere mucha energía. Una vez producidos, estos alimentos se envasan, se **transportan** y, por lo general, se refrigeran, al igual que la comida no orgánica.

útiles   Las cosas útiles pueden ser de ayuda para algo.

transportan   Cuando las cosas se transportan, se llevan de un lugar a otro.

Piensa
en lo que
bebes

7   No tiene nada de malo comprar un refresco o un jugo de frutas cada tanto cuando no estás en casa. Sin embargo, aunque algunas bebidas son saludables, muchas tienen una gran cantidad de azúcar y aditivos, y no son baratas. Además, los envases, el transporte y la refrigeración dañan el medio ambiente.

8   Entonces, ¿cómo puedes reducir los costos y los desperdicios pero mantenerte **hidratado** y saludable? Si vives en un país desarrollado económicamente como los Estados Unidos, en tu casa seguramente tienes agua potable, que quizá sea más limpia y segura que el agua envasada. En algunos lugares, el agua es segura pero no tiene buen sabor. Podrías sugerir a tu familia que compren un filtro para que el agua de la llave tenga mejor sabor.

---

hidratado   Cuando algo está hidratado, ha consumido mucha agua.

impacto   El impacto es el efecto que una cosa tiene sobre otra.

Impacto ecológico

9   Según un informe de los EE. UU.,

◊   cerca del 50 por ciento del agua envasada en realidad es agua de la llave,

llave

◊   cerca del 75 por ciento de las botellas se arrojan a la basura y no se reciclan,

◊   el plástico de algunas botellas filtra (deja pasar) al agua una sustancia que se llama ftalato. Algunos estudios indican que este químico puede causar problemas hormonales en las personas,

◊   el agua envasada pasa por menos pruebas de seguridad que el agua de la llave,

◊   ¡el agua envasada cuesta 100 veces más que el agua de la llave! Por lo general, el agua envasada cuesta algo más de $1 por galón (3.8 litros) y mucho más si se compra en botellas pequeñas. El agua de la llave cuesta alrededor de 1 centavo el galón.

Cultivar alimentos

10 Existe una manera barata y fácil de cultivar alimentos en la escuela, aun cuando no hay canteros. Se pueden hacer huertos con barriles, que pueden ponerse en cualquier lugar. No hace falta tener experiencia en jardinería, y son sencillos de preparar. ¡Inténtalo!

Haz un huerto de barriles

11 **Necesitarás:**

- Al menos una cubeta de 5 galones (23 litros) de las que se usan para transportar alimentos (puedes pedir cubetas vacías en algún restaurante del vecindario)

- Tierra para macetas

- Semillas de verduras

- Fertilizante

Paso a paso

12

1 Decide dónde colocarás tu huerto de barriles. Puedes ponerlo sobre la tierra o sobre alguna superficie artificial, como el concreto. Trata de buscar un lugar que reciba entre seis y ocho horas de luz solar y esté cerca de una fuente de agua.

2 Investiga acerca de las verduras que crecen en la estación en la que estás. Si vas a cultivarlas en la escuela, busca las variedades que puedas cosechar dentro de un trimestre o un semestre, es decir, entre 30 y 90 días. Elige las que puedan crecer en espacios pequeños. Las verduras que pueden cultivarse en barriles son las legumbres, las zanahorias, el perejil, las arvejas y los tomates.

3 Corta la base de la cubeta y apártala. Luego, corta el resto de la cubeta por la mitad. Pídele ayuda a un adulto. Ahora tienes dos barriles. (Nota: Si vas a poner la cubeta sobre concreto, es mejor no cortarla y pedirle a un adulto que haga agujeros en la base para que drene el agua).

4 Ubica los barriles en su lugar.

5 Llénalos con tierra para macetas y añade fertilizante.

6 Planta las semillas, siguiendo las instrucciones del paquete sobre el espacio que debes dejar entre ellas, y riégalas con cuidado.

7 Vigila las plántulas a medida que crecen. Asegúrate de que la tierra siempre esté húmeda y añade fertilizante con regularidad. Separa las plántulas si están muy amontonadas.

artificial Algo artificial es algo que hizo el ser humano y no la naturaleza.

163

La distancia recorrida

13 Cuando cultivas tus propias verduras, se reduce la distancia recorrida por los alimentos. Según el principio de la distancia recorrida, cuánto más lejos se produce un alimento, más se daña el medio ambiente. Sin embargo, ten en cuenta que las legumbres que se cultivan a nivel local con fertilizantes derivados del petróleo y con tractores diésel podrían ser peores que las que se cultivan en otros países con métodos que requieren menos energía. También se puede consumir mucha energía cuando se almacenan alimentos locales por mucho tiempo para comerlos en otra estación.

Cómo ser ecológico: Resumen

14
- **Empaca tus comidas y bocadillos de forma ecológica.**

- **Hidrátate con agua de la llave y licuados de frutas caseros.**

- **Cultiva tus alimentos en un huerto de barriles.**

Conversación colaborativa

Vuelve a leer lo que escribiste en la página 156. Dile a un compañero dos cosas que aprendiste del texto. Luego trabaja en grupo y comenta las preguntas de abajo. Busca información y detalles en *Comida ecológica* para apoyar tus ideas. Toma notas para responder las preguntas y úsalas cuando hables.

1. Repasa la página 158. ¿Cuáles de las ideas que menciona la autora son derrochadoras? ¿Cuáles son responsables?

2. Vuelve a leer la página 162. ¿Qué motivos da la autora para hacer un huerto de barriles?

3. ¿Por qué puede ser útil cultivar alimentos en un huerto en la escuela?

Sugerencia para escuchar

Mientras escuchas las ideas de cada persona, piensa en cómo puedes conectarlas con tus propias ideas.

Sugerencia para hablar

Asegúrate de hacer contacto visual cuando expresas tus ideas y opiniones fundamentadas.

Escribir instrucciones

TEMA PARA DESARROLLAR

En *Comida ecológica*, leíste instrucciones para hacer un huerto con barriles. La selección incluía diagramas para comprender mejor las instrucciones.

Imagina que tu clase está haciendo un manual para tu escuela sobre cómo cultivar y preparar alimentos. Piensa en algo que ya sepas cultivar o preparar. Escribe las instrucciones para incluirlas en el manual. Comienza con un párrafo que presente qué se está haciendo, una lista de ingredientes y materiales, y los pasos para cultivar o preparar ese alimento. Incluye un diagrama o una ilustración de los materiales y del producto terminado. No olvides usar algunas de las palabras del Vocabulario crítico en el texto.

PLANIFICAR

Toma notas sobre los elementos gráficos que utiliza la autora. Anota palabras, frases u oraciones que creas que ayudan a seguir las instrucciones.

ESCRIBIR

Ahora escribe tus instrucciones para explicar cómo cultivar o preparar alimentos.

Asegúrate de que tus instrucciones

☐ incluyen los materiales e ingredientes necesarios.

☐ están bien organizadas y enumeran los pasos en orden.

☐ incluyen encabezados, un diagrama o una ilustración y otros elementos gráficos para que se comprendan mejor.

☐ incluyen verbos de acción claros y palabras descriptivas.

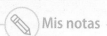
Prepárate para ver un video

ESTUDIO DEL GÉNERO Los **videos informativos** presentan datos e información sobre un tema con elementos visuales y audio.

- Un narrador explica lo que se ve en la pantalla.
- Los videos informativos incluyen palabras que pueden ser específicas de un tema.
- Los videos informativos pueden incluir texto en la pantalla que describe los elementos gráficos a los espectadores.

ESTABLECER UN PROPÓSITO **Mientras miras** el video, piensa en lo que sabes sobre las comidas saludables. ¿Qué te gustaría saber sobre las comidas nutritivas? Escribe tus ideas abajo.

VOCABULARIO CRÍTICO

magra

lácteos

Desarrollar el contexto:
Cocinar

MI
PLATO

Mientras miras *Mi plato*, piensa en lo que necesitas saber para seguir un gráfico. ¿Qué ideas importantes debes recordar? Presta atención a cómo se transmiten las ideas importantes mediante lo que dice el narrador, las imágenes y el texto en el video. ¿Lo que dice el narrador, las imágenes y el texto hacen que las ideas principales sean fáciles de entender y seguir? ¿Por qué? Toma notas en el espacio de abajo.

Presta atención a las palabras del Vocabulario crítico *magra* y *lácteos*. Busca pistas para descubrir el significado de cada palabra.

magra	Una comida magra no tiene grasa.
lácteos	Los lácteos son productos derivados de la leche.

Conversación colaborativa

Trabaja en grupo y comenta las preguntas de abajo. Busca información en *Mi plato* para apoyar tus ideas. Toma notas para responder las preguntas. En la conversación, recuerda respetar las reglas de la clase para conversar de manera respetuosa.

1 ¿Qué debe tener un plato para que sea saludable?

2 ¿Qué datos importantes menciona el narrador acerca de los granos?

3 ¿Por qué piensas que el narrador dice que hay que reemplazar la leche entera por leche de 1% o descremada?

Sugerencia para escuchar

Mira a la persona que está hablando para mostrar que estás prestándole atención. Anota las ideas sobre las que quieras saber más.

Sugerencia para hablar

Después de hablar, pide a los integrantes del grupo que te hagan preguntas o comentarios sobre lo que has dicho.

Escribe un artículo de blog

TEMA PARA DESARROLLAR

En *Mi plato*, aprendiste sobre qué debe contener un plato de comida para que sea saludable y nutritivo.

Imagina que tienes un blog sobre alimentos en el que las personas comparten sus experiencias con la comida o la cocina. Escribe un párrafo sobre una experiencia interesante relacionada con una comida nutritiva. Puedes incluir una experiencia en la cocina que haya resultado muy bien, una que haya terminado muy mal o sobre la primera vez que hiciste tu propio plato nutritivo. No olvides usar algunas de las palabras del Vocabulario crítico en el texto.

PLANIFICAR

Identifica al público de *Mi plato*. Luego, toma notas sobre los detalles que incluye el video para responder a las necesidades de su público y cumplir con su objetivo.

ESCRIBIR

Ahora escribe tu artículo de blog.

Asegúrate de que tu artículo

☐ comienza presentando tu experiencia relacionada con la comida.

☐ describe los acontecimientos en el orden en que ocurrieron.

☐ incluye palabras y frases para mostrar mejor la secuencia de los acontecimientos.

☐ está escrito con la puntuación correcta.

☐ termina con una oración de cierre.

Observa y anota
Contrastes y contradicciones

Prepárate para leer

ESTUDIO DEL GÉNERO Los **textos informativos** brindan datos y ejemplos sobre un tema.

- Los autores de textos informativos pueden organizar sus ideas con encabezados y subtítulos, que indican a los lectores de qué tratará la sección siguiente.

- Los autores pueden organizar sus ideas haciendo comparaciones y contrastes. Comparan cuando explican en qué se parecen dos cosas. Contrastan cuando dicen en qué se diferencian.

- Los textos informativos incluyen características del texto, como letra negrita, leyendas o pies de foto, y letra bastardilla.

ESTABLECER UN PROPÓSITO **Piensa en** el título y el género de este texto. ¿Qué sabes sobre lo que se come en otros países? ¿Qué te gustaría saber acerca de esas comidas? Escribe tus ideas abajo.

Desarrollar el contexto: Alimentos inusuales

VOCABULARIO CRÍTICO

plaga

comestibles

prohibidas

postura

BOCADITOS DE INSECTOS

1 ¿*C*onoces el chiste del cliente que encuentra una mosca en la sopa? *Enojadísimo, se lo hace saber al camarero, y el camarero le contesta: "¡Baje la voz, si no todos querrán una!". Sí, es un chiste viejo, pero lo gracioso es lo que dice el camarero. ¿Quién en su sano juicio querría comer un insecto?*

2 Bueno, ¿te sorprendería saber que mucha gente lo haría? Es cierto. En Australia, América del Sur, África y Asia, la gente come insectos y no es broma. Los insectos no siempre son una plaga. Son el almuerzo, la cena, o una rica merienda después de la escuela.

3 Para aquellos que nunca han masticado un grillo ni se han tragado un gusano, la idea de comer insectos parece repugnante. ¡No comeríamos esas criaturas ni aunque nos pagaran! Sin embargo, muchos insectos son nutritivos y sabrosos, y es totalmente seguro comerlos.

plaga Una plaga es un conjunto de insectos o animales que destruyen los cultivos o molestan a las personas.

¡A COMER, QUE SON MAYORÍA!

4 Comer insectos es un hábito muy antiguo. Hace diez mil años, antes de aprender a cultivar, nuestros antepasados cazaban y recolectaban su comida. Los insectos eran parte de la dieta diaria. Para ellos, tenía sentido alimentarse de una fuente de nutrición que estaba delante de sus narices, o zumbándoles en el oído.

5 Como ya habrás notado, los insectos están por todas partes. Uno de cada tres animales es un insecto y los científicos estiman que hay unos 200 millones de insectos por cada persona en el mundo. No es de extrañar que más de la mitad de los habitantes del planeta todavía coman insectos a diario. Del millón de insectos que los científicos han clasificado hasta ahora, más de 1,500 están entre los platos favoritos de alguien.

6 Los insectos más populares para comer son los grillos y las termitas, que según dicen, tienen un sabor parecido al de la piña; pero hay muchos otros insectos que también son comestibles. Hay restaurantes en México que venden tacos de hormigas. En los supermercados de Japón se puede encontrar latas de abejas bebé. En Tailandia, los mercados al aire libre venden larvas de gusano de seda. En Mozambique, al este de África, los saltamontes son conocidos como "langostinos voladores".

> **comestibles** Las cosas comestibles se pueden comer sin ningún problema.

En los Estados Unidos, la empresa de golosinas Hotlix vende unas paletas rellenas con grillos llamadas *Cricket Lickits*.
▼

Esta olla de barro está llena de saltamontes disecados listos para comer. Este tentempié es común en todo México.
▼

¿Cuál de estas comidas es más nutritiva: la carne molida o los saltamontes?

▼

Para qué engañarnos ¿Por qué cacahuates sí y hormigas no? Podemos ver algunas hormigas en este mercado de Tailandia. Ambos son crocantes, pero solo las hormigas fritas tienen saborcito a tocino.

▼

LOS INSECTOS SON BUENOS PARA EL CUERPO

7 La cena está servida: en un plato hay una hamburguesa grande y jugosa, y en otro, una pila de saltamontes asados. ¿Carne molida o insectos? ¿Cuál crees que es mejor para tu cuerpo?

8 Ambos son ricos en proteínas, que es lo que tu cuerpo usa para hacer crecer los músculos. Pero en otros aspectos, los saltamontes llevan las de ganar. Una libra de saltamontes tiene menos grasa que una libra de carne de vaca, y los insectos tienen más calcio y hierro. También hay otros insectos que hacen bien. El biólogo David George Gordon, autor del libro de cocina de insectos *Eat-a-Bug Cookbook*, dice: "Yo les digo a los niños que si sus huesos están creciendo, deben comer más grillos y termitas".

9 ¿Aun así no elegirías los saltamontes? Gordon dice que además son deliciosos, con un sabor parecido al de los pimientos verdes.

CUESTIÓN DE GUSTOS

10 En América del Norte y Europa, la mayoría de las personas piensan que comer insectos es un verdadero asco. Pero a pesar de que creemos que los grillos y las termitas no son comida, mucho de lo que comemos está relacionado con ellos. La miel, por ejemplo, es fabricada por abejas. Los langostinos, los cangrejos y las langostas son artrópodos, que es el nombre dado por los científicos al grupo animal de los insectos. De hecho, hace muy poco que las langostas dejaron de considerarse insectos y pasaron a ser un manjar. Los primeros colonos que llegaron a América del Norte comían langostas solo cuando no había otra cosa. En Massachusetts, los sirvientes que se cansaban de cenar las "cucarachas del mar" escribían en sus contratos que solo comerían langostas tres veces por semana.

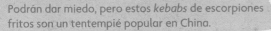
Podrán dar miedo, pero estos *kebabs* de escorpiones fritos son un tentempié popular en China.

11   En otras partes del mundo, hay comidas prohibidas. Muchas personas jamás comerían langostas ni ningún otro "insecto de mar" que nosotros consideramos exquisitos. Muchas personas no comen cerdo. Incluso entre quienes comen insectos, varían los gustos. Los sudafricanos almuerzan termitas, pero nunca comerían escorpiones, que en China se crían para comer. En Bali, Indonesia, las libélulas son un manjar, pero en la provincia indonesia de Irian Jaya, a nadie se le ocurriría comerlas. En cambio, tienen cigarras en el menú.

12   Así que cuando se trata de comer, las personas generalmente prefieren la comida a la que están acostumbradas. Qué se come y qué no es una cuestión de gustos . . . y de lo que te hayan enseñado.

> **prohibidas**   Las cosas prohibidas no están permitidas o no son aceptadas.

EL ALIMENTO DEL FUTURO

13   ¿Cambiarán nuestros gustos? ¿Algún día se incluirán en los almuerzos escolares burritos de saltamontes u orugas fritas?

14   La postura frente a los insectos ya está cambiando. Gracias a los programas de concientización sobre los insectos que se hacen en las escuelas y los centros de ciencias, los niños de hoy se impresionan menos. Si podemos superar el asco, los insectos podrían llegar a ser parte de nuestra dieta diaria. Incluso se cree que los insectos son un alimento perfecto para los viajes espaciales largos, porque los astronautas podrían criarlos en el espacio.

15   ¿Aún te preguntas quién en su sano juicio querría comer un insecto? Mejor pregúntate quién no lo haría.

> **postura**   Tu postura frente a algo es tu opinión sobre eso.

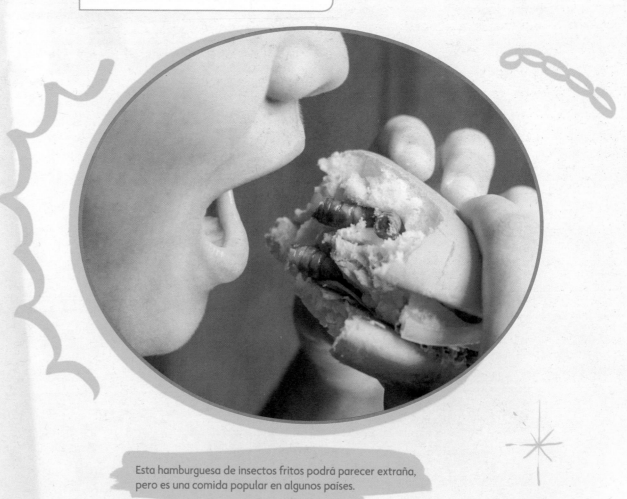

Esta hamburguesa de insectos fritos podrá parecer extraña, pero es una comida popular en algunos países.

Conversación colaborativa

Vuelve a leer lo que escribiste en la página 174. Dile a un compañero dos cosas que aprendiste del texto. Luego trabaja en grupo y comenta las preguntas de abajo. Busca información y detalles en *Bocaditos de insectos* para apoyar tus ideas. Toma notas para responder las preguntas y úsalas cuando hables. Trata de que la conversación no se desvíe del tema.

1 Repasa la página 176. ¿Qué palabras reflejan el punto de vista del autor sobre comer insectos?

2 Vuelve a leer las páginas 177 y 178. ¿Qué ejemplos brinda el autor para apoyar la idea de que comer insectos es una práctica muy popular?

3 ¿Cómo usa el autor el humor para que las ideas de la lectura sean convincentes? Da ejemplos.

Sugerencia para escuchar

¡Presta atención al escuchar! Concéntrate en lo que dice cada persona. Intenta tomar algunas notas que te ayuden a recordar los puntos más importantes.

Sugerencia para hablar

Asegúrate de usar el volumen y el ritmo correctamente para expresar y apoyar tus ideas. Asegúrate de hablar con claridad.

Escribir un anuncio

TEMA PARA DESARROLLAR

En *Bocaditos de insectos* aprendiste sobre algunos insectos que les gusta comer a personas de distintas partes del mundo. El autor explicaba por qué hay personas en todo el mundo que incluyen insectos en sus dietas.

Imagina que te han pedido que escribas un guión para un anuncio de televisión que anime a las personas a comer algunos de los insectos sobre los que leíste. Da razones sólidas por las que las personas deben comer insectos, apoyándote en la evidencia de *Bocaditos de insectos*. No olvides usar algunas de las palabras del Vocabulario crítico en el texto.

PLANIFICAR

Piensa al menos dos razones por las que las personas deben probar los insectos. Luego, escribe los datos y otros detalles del texto que apoyen cada una de esas razones.

ESCRIBIR ···

Ahora escribe el guión para tu anuncio.

✔	Asegúrate de que tu anuncio
☐	dice claramente que las personas deben comer insectos.
☐	incluye razones que apoyen esa afirmación.
☐	incluye datos, detalles y ejemplos del texto que apoyen cada razón.
☐	incluye palabras y frases tales como *por ejemplo, para* y *además* para conectar las razones y los detalles.
☐	termina con una conclusión que anima a los telespectadores a probar los insectos.

Observa
y anota
Palabras sabias

Prepárate para leer

ESTUDIO DEL GÉNERO   Un texto de **ficción realista** es un relato en el que los personajes y los acontecimientos se parecen a los de la vida real.

- La ficción realista incluye personajes que actúan, piensan y hablan como las personas reales.

- Tiene diálogos con los que se desarrolla el cuento. Un diálogo es una conversación entre personajes. Los autores usan un lenguaje informal para que la conversación parezca real.

- Los autores pueden narrar con un punto de vista en tercera persona. En el punto de vista en tercera persona, el narrador es un observador externo. Algunos pronombres de la tercera persona son *él, ella, su, suyo, suya, ellos, ellas, sus, suyos* y *suyas*.

ESTABLECER UN PROPÓSITO   **Mira** el título y la imagen de la página siguiente. ¿Para qué crees que se está preparando la niña? ¿Qué más te gustaría saber sobre este personaje? Escribe tus ideas abajo.

Conoce al autor:
René Saldaña, h.

VOCABULARIO CRÍTICO

culinarios

reaccionó

anonadada

exquisitas

ofender

desanimada

optado

La sartén por el mango

por René Saldaña, h.

ilustrado por Jonathan Allardyce

1   Martina Deanda no podía estar más nerviosa. Acababa de escuchar su nombre en el intercomunicador de la escuela. Era una de las dos finalistas del Concurso de Cocina de Primavera, un evento anual auspiciado por el distrito escolar y el mercado de agricultores locales. No podía creer que había llegado tan lejos. Antes de entrar en el concurso, su experiencia en la cocina se limitaba a verter la leche sobre los cereales del desayuno. Fuera de eso, sus conocimientos culinarios eran inexistentes, aunque le encantaba mirar programas de cocina.

2   Su mejor amiga, Avani, se le acercó sonriendo, la abrazó y le dijo:

3   —¡Ya tienes la sartén por el mango! —la niña se rio de su propio chiste. Como Martina no reaccionó, Avani dijo—: ¿Entendiste? Ahora estás en un concurso de cocina y llegaste a la final, así que tienes la sartén por el mango, ¿no?

culinarios	Algo culinario está relacionado con la cocina.
reaccionó	Si alguien reaccionó ante algo, actuó en respuesta a ello.

4 No era que no entendiera. Simplemente Martina estaba anonadada porque había llegado a la final. Iba a competir con su compañero Joey Cárdenas, cuya madre era la dueña del mejor restaurante mexicano de la ciudad, La Tampiqueña. Los fines de semana, Joey ayudaba en el restaurante, donde atendía las mesas, barría el suelo y los sábados aprendía a cocinar con el chef, entre el servicio del almuerzo y la cena. Seguramente ganaría él.

5 Martina deseaba estar tan entusiasmada como Avani.

6 —Más que tener la sartén por el mango, estoy frita —contestó a su amiga.

7 —Con esa actitud no vas a ganar —dijo Avani—. Deberías ser más positiva.

8 —¿Por qué? O sea, Joey sabe cocinar. ¿Pero yo? Yo solo sé lo que vi por televisión.

9 Avani apoyó las manos sobre los hombros de Martina.

10 —Me parece que no estás viendo el lado positivo. No sabes cocinar tan bien como Joey, pero mira hasta dónde has llegado. Había diez participantes. Primero cocinaste unas empanadas exquisitas y después hiciste ese panini tostado de vegetales que, según los jueces, era "para chuparse los dedos". Ahora quedaron solo los dos mejores cocineros: Joey y tú. Eso querrá decir *algo*.

anonadada Cuando estás anonadada, estás muy sorprendida.
exquisitas Si una comida o bebida es exquisita, es deliciosa.

11   —Sí, supongo que tienes razón. Es que estoy nerviosa.

12   —Creo que la mayoría de las personas se ponen nerviosas cuando compiten —dijo Avani con una sonrisa—. Eso significa que te importa mucho lo que haces.

13   —De verdad me importa —dijo Martina—. Gracias, Avani.

14   Un rato después, una voz pidió por el intercomunicador que todos menos los dos participantes salieran del escenario.

15   —Participantes, es hora de que demuestren sus dotes culinarias —anunció el presentador de televisión y maestro de ceremonias, Jack Jackson. La mamá de Joey Cárdenas susurró un consejo de último momento al oído de su hijo y dejó el escenario.

16   Joey parecía confiado mientras se acercaba a las chicas.

17   —¿Lista? —preguntó.

18   —Ey, Joey —dijo Avani—, Martina está más que lista. —Y mientras se daba vuelta para irse, miró por encima del hombro y dijo—: ¡Está tan lista que no la para nadie!

19   Joey se rio un poco, pero después se puso serio.

20   —¿Estás lista de verdad? —le preguntó a Martina.

21   —Como nunca antes. ¿Y tú?

22   —Bueno, llevo la cocina en mis genes —dijo Joey—. Sin ánimo de ofender.

23   —No me ofendo —respondió ella—. Pero no te sorprendas si cocino mucho mejor que tú.

24   —Si tú lo dices. ¡Que gane el mejor! —Y con esas palabras, los dos fueron a sus puestos.

25   El señor Jackson se acercó a la mesa donde los esperaban dos bolsas de papel madera del mercado de agricultores. El público hizo silencio. El señor Jackson miró a la multitud y dijo:

26   —Hemos llegado a mi parte favorita del concurso, la final. —Además de ser el maestro de ceremonias, el señor Jackson había sido juez en el primerísimo Concurso de Cocina de Primavera. La señora Cárdenas, la mamá de Joey, había ganado esa vez.

ofender   Algo que se dice para ofender, es algo que duele, enoja o insulta.

27   Martina miró a Joey, quien, por primera vez desde el comienzo de la competencia, parecía nervioso. No paraba de jugar con las tiras de su delantal. Martina se imaginó que la reputación de la familia Cárdenas estaría en juego.

28   Martina miró al público y vio a sus propios padres, ambos llenos de orgullo. Avani estaba sentada al lado de ellos, levantando el puño en el aire y moviendo los labios como diciendo en silencio: "¡Vamos, Martina!".

29   El señor Jackson pidió a los participantes que vaciaran sus bolsas.

30   —Con cuidado, que no queremos que se rompan los huevos. El desafío es este: deben usar todos los ingredientes de la bolsa, en parte o en su totalidad, más una pizca de esto y una pizca de aquello, y hacer un plato delicioso y sano.

31   En cada bolsa había tres huevos, un pimiento verde y uno rojo, un tomate, fresas y un melocotón. En la mesa había un especiero, condimentos y otros ingredientes. Martina miró a Joey, que ahora sonreía, frotándose las manos. Casi podía ver los engranajes moverse dentro de su cabeza. Él sabía lo que iba a hacer. Ella no tenía idea.

32   —Tienen 20 minutos —dijo el señor Jackson—. Cocineros, ¿están listos? —Los dos asintieron. Joey estaba ansioso por empezar. Martina todavía estaba pensando, pero no se le ocurría nada. "¡Ay, no! —pensó—. ¡Joey va a ganar el concurso!".

33   —¡A cocinar! —gritó el señor Jackson, que puso en marcha el cronómetro.

34   Martina corrió hacia donde estaban todas las especias y demás ingredientes, para ver si algo la inspiraba. Vio una canasta de pan. Encima había dos bolillos, un tipo de pan que le recordaba las mañanas cálidas y con olor a pan tostado que pasaba en la casa de sus abuelos, cuando iba de visita a México.

35   Enseguida se le encendió la lamparita. ¡No solo tenía los programas de cocina para inspirarse! También tenía el recuerdo de cuando su abuelito Servando le había enseñado a preparar su desayuno preferido. Martina tomó los dos panes, unas ramitas de cilantro, un poco de manteca y se puso a cocinar.

36   Al final, Martina no ganó el concurso, pero no estaba desanimada.
Notó que los jueces habían terminado de comer su plato, mientras que
habían dejado el de Joey por la mitad. El señor Jackson le recordó que,
según las instrucciones, debía hacer una comida sana, y si bien ella había
usado los pimientos, el tomate, las fresas y el melocotón, podría haber
separado las claras de las yemas y podría haber optado por aceite de oliva
en lugar de manteca.

37   —Pero le digo algo, señorita Deanda —dijo el señor Jackson—, ese
plato estaba delicioso.

38   Martina se acercó a Joey, quien levantaba el trofeo.

39   —Felicitaciones, Joey —le dijo—. Tu plato fue mejor que el mío.

40   —Así parece —respondió él, pero miró los platos de los jueces—.
Igualmente, puedes volver a intentarlo el año que viene.

41   "Sí —pensó ella—. Puedo volver a intentarlo el año que viene". Y
mientras tanto, habría muchas más visitas a la casa de sus abuelos. ¡Qué ganas
de visitarlos pronto! A lo mejor los llamaría esa noche y les contaría sobre
el concurso.

> **desanimada**   Si una persona está desanimada, está triste y
> poco entusiasmada.
>
> **optado**   Si has optado por algo, lo has elegido.

193

Botes de bolillos

Ingredientes

- 2 bolillos u otro tipo de pan blanco
- 1 cucharada de mantequilla derretida
- 2 huevos
- 1 cucharada de mantequilla o aceite de oliva (para cocinar los huevos)
- ¼ de taza de queso Monterey Jack rallado
- 2 rodajas de tomate
- 2 rodajas de pimiento rojo, amarillo o anaranjado
- unas ramitas de cilantro

Instrucciones

Pide ayuda a un adulto para usar la cocina.

1. Precalienta el horno a 350°.

2. Con cuidado, quita la miga del centro de los bolillos. Deben parecer botecitos de pan.

3. Pincela los bolillos por dentro y por fuera con la mantequilla derretida.

4. Coloca los bolillos en una bandeja para hornear y cocínalos por 5 minutos. Una vez que estén apenas tostados, retíralos del horno.

5. Mientras el pan está en el horno, fríe los dos huevos y las rodajas de pimiento en mantequilla o aceite de oliva. Intenta romper cada huevo dentro de una rodaja de pimiento.

6. Coloca un huevo frito y una rodaja de pimiento en cada uno de los botes de pan y coloca una rodaja de tomate encima. Espolvorea queso rallado sobre cada bote y cocínalos por otros 5 a 10 minutos o hasta que se derrita el queso.

7. Pide a un adulto que retire la bandeja del horno caliente. Decora con una ramita de cilantro. Sirve los botes con rodajas de melocotón y fresas.

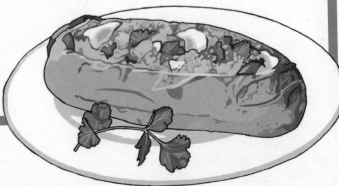

Conversación colaborativa

Vuelve a leer lo que escribiste en la página 184. Dile a un compañero dos cosas que aprendiste acerca del personaje principal. Luego trabaja en grupo y comenta las preguntas de abajo. Busca detalles en *La sartén por el mango* para apoyar tus respuestas. Toma notas para responder las preguntas y úsalas cuando hables. Durante la conversación, haz preguntas para saber más sobre las ideas de los demás.

1 Repasa las páginas 187 y 188. ¿Qué detalles del texto muestran cómo se siente Martina por llegar a la final?

2 Repasa la página 193. ¿Cómo se siente Martina con los resultados del concurso? ¿Cómo lo sabes?

3 ¿Qué partes del cuento se presentan de manera muy realista? Explica tu razonamiento.

Sugerencia para escuchar

Escucha con cuidado para identificar las ideas clave de cada personaje. ¿Qué preguntas puedes hacer para averiguar más sobre ellos?

Sugerencia para hablar

Habla con oraciones completas y usa la gramática correcta para expresar claramente tus ideas y opiniones fundamentadas.

Escribe un artículo periodístico

TEMA PARA DESARROLLAR ···

En *La sartén por el mango* leíste un cuento sobre un concurso de cocina.

Imagina que eres un periodista local y te han pedido que cubras el concurso de cocina. Escribe un artículo para tu periódico que cuente el resultado. Incluye detalles del cuento y añade citas para mostrar lo que los competidores o los jueces dirían al final del concurso. Escribe un título atractivo para que los lectores se interesen en tu artículo. No olvides usar algunas de las palabras del Vocabulario crítico en el texto.

PLANIFICAR ··

Escribe los nombres de cada personaje principal y anota cómo se sintieron al final del concurso. Luego, escribe algo interesante que el personaje podría haberle dicho a un periodista.

ESCRIBIR

Ahora escribe tu artículo periodístico sobre el concurso.

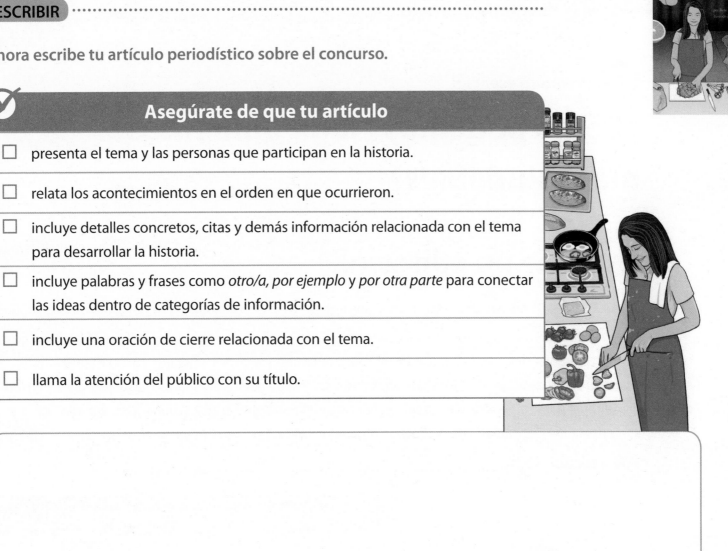

Asegúrate de que tu artículo

☐ presenta el tema y las personas que participan en la historia.

☐ relata los acontecimientos en el orden en que ocurrieron.

☐ incluye detalles concretos, citas y demás información relacionada con el tema para desarrollar la historia.

☐ incluye palabras y frases como *otro/a, por ejemplo* y *por otra parte* para conectar las ideas dentro de categorías de información.

☐ incluye una oración de cierre relacionada con el tema.

☐ llama la atención del público con su título.

(?) **Pregunta esencial**

¿Cómo podemos elegir alimentos más saludables?

Escribir un editorial

TEMA PARA DESARROLLAR Piensa en lo que aprendiste en *Comida ecológica* y *Mi plato* en este módulo.

Imagina que en tu ciudad quieren cambiar el menú de los almuerzos escolares. Algunos piensan que el almuerzo escolar debería incluir alimentos más saludables y ser más amigable con el medio ambiente. Otros no están de acuerdo. Dicen que a los niños no les gustan los alimentos más saludables. Escribe un editorial para tu periódico local que exprese tu opinión sobre si las escuelas deberían ofrecer alimentos más saludables. Usa evidencia tomada de los textos para apoyar tu opinión.

Voy a escribir sobre _____.

Asegúrate de que tu editorial

- ☐ plantea tu opinión claramente en una introducción.
- ☐ está organizado en párrafos donde se dan las razones que apoyan tu opinión.
- ☐ incluye evidencia tomada del texto, el video y tu propia experiencia.
- ☐ contiene un lenguaje persuasivo.
- ☐ incluye palabras y frases de enlace, *como porque, por ejemplo y además,* para indicar la relación entre tus ideas.
- ☐ termina con una conclusión que dejará pensando a los lectores.

PLANIFICAR .... **Reúne evidencia.**

¿Qué evidencia del texto y el video apoya tu argumento acerca de si hay que hacer cambios en el menú del almuerzo escolar? Revisa las notas que tomaste en tu diario. Repasa el artículo y el video para buscar detalles que apoyen tu opinión.

Al planificar, usa la tabla de abajo para registrar los detalles sobre los alimentos que son más saludables y cómo elegir alimentos que beneficien al medio ambiente.

Mi opinión: ____

Detalles de *Comida ecológica*	**Detalles de *Mi plato***

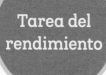

Tarea del rendimiento

HACER UN BORRADOR .... Escribe tu editorial.

Usa las ideas que anotaste en la tabla para comenzar el borrador de tu editorial.

Escribe una **introducción** sólida que plantee claramente tu opinión.

En el primer **párrafo central**, incluye tu razón más importante. Apoya la razón con evidencia.

En cada uno de los siguientes **párrafos centrales**, concéntrate en una razón diferente. Apoya tus razones con evidencia. Si es necesario, añade más recuadros para escribir todas tus razones.

Escribe una **conclusión** que vuelva a plantear tu opinión y resuma las razones. Termina con un buen enunciado de cierre que luego las personas recuerden.

En los pasos de revisión y edición puedes leer con atención lo que escribiste y mejorarlo aún más. Con un compañero, decide si has explicado tus ideas con claridad a los lectores. Usa estas preguntas como ayuda para evaluar y mejorar tu artículo.

PROPÓSITO/ ENFOQUE	ORGANIZACIÓN	EVIDENCIA	LENGUAJE/ VOCABULARIO	CONVENCIONES
☐ ¿He planteado mi opinión con claridad?	☐ ¿Es clara la introducción de mi editorial?	☐ ¿He apoyado cada una de mis razones con datos y detalles tomados del artículo y el video?	☐ ¿Usé un lenguaje claro y vívido para persuadir de mi opinión a los lectores?	☐ ¿Usé correctamente los pronombres?
☐ ¿Escribí razones que apoyen mi opinión?	☐ ¿Cada párrafo central se concentra claramente en una razón que apoya mi opinión?	☐ ¿Están relacionados con el tema todos los datos y detalles que incluí?	☐ ¿Usé palabras y frases de enlace para mostrar la relación entre los datos, las razones y mi opinión?	☐ ¿Comencé todos los párrafos nuevos con sangría?
☐ ¿No me desvié del tema?	☐ ¿Escribí una conclusión sólida?			☐ ¿Escribí todas las palabras correctamente?

Crear la versión final Pasa en limpio tu editorial y elabora la versión final. Añade un título que comunique tu opinión y llame la atención de los lectores. Luego, considera estas opciones para compartir tu texto:

1 Crea una copia digital de tu editorial y súbela a un sitio web de la escuela o de la clase.

2 Presenta tu editorial como un discurso ante la clase. Practica con tiempo para poder dar el discurso con confianza y claridad.

3 Participa en un debate o panel con tus compañeros sobre las dos posturas ante el tema en cuestión.

Guardianes de la Tierra

"En definitiva, el medio ambiente es nuestro punto de encuentro... es lo que todos compartimos".

—Lady Bird Johnson

? Pregunta esencial

¿Cómo podemos cuidar nuestro planeta?

Video de
Mentes curiosas

Palabras acerca de proteger el planeta

Las palabras de la tabla te ayudarán a hablar y escribir sobre las selecciones de este módulo. ¿Cuáles de las palabras acerca de proteger el planeta ya has visto antes? ¿Cuáles son nuevas para ti?

Completa la Red de vocabulario de la página 205. Escribe sinónimos, antónimos y palabras y frases relacionadas para cada palabra acerca de proteger el planeta.

Después de leer cada selección del módulo, vuelve a la Red de vocabulario y añade más palabras. Si es necesario, dibuja más recuadros.

PALABRA	SIGNIFICADO	ORACIÓN DE CONTEXTO
ecología (sustantivo)	La ecología es la relación entre los seres vivos en su medio ambiente.	Escribí sobre la ecología de la selva para mi proyecto de Ciencias.
reciclar (verbo)	Reciclar es un proceso por el cual una cosa que ya no sirve puede ser reutilizada.	Recuerda reciclar el periódico después de leerlo.
conservación (sustantivo)	La conservación es el acto de salvar y proteger el medio ambiente.	Las personas están trabajando mucho por la conservación de la vida silvestre en esta área.
santuario (sustantivo)	Un santuario es donde las personas o los animales van para estar fuera de peligro.	Los elefantes están a salvo en el santuario animal.

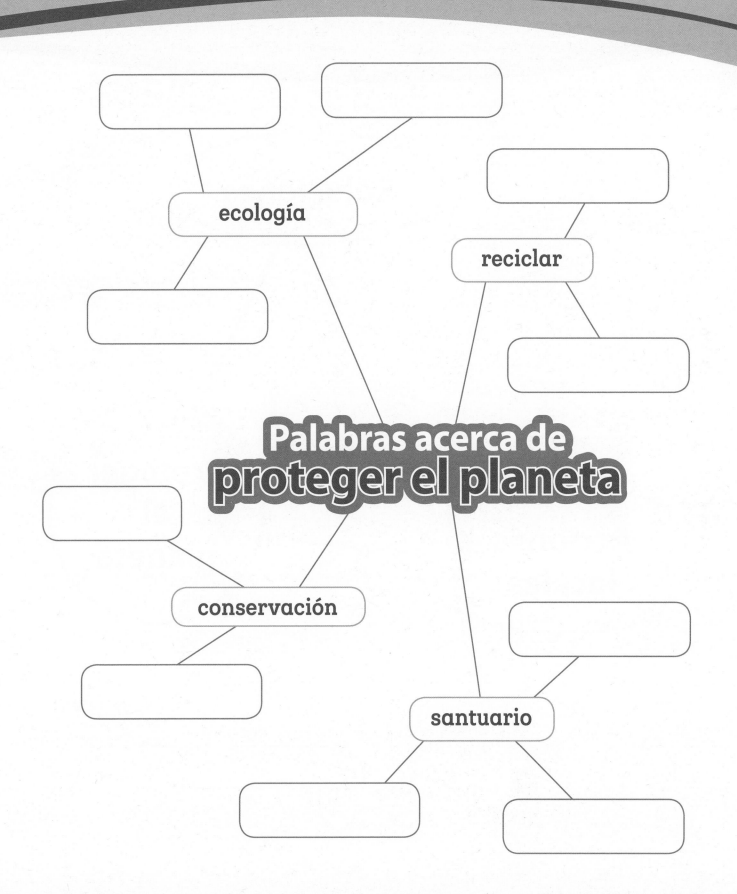

Palabras acerca de proteger el planeta

ecología

reciclar

conservación

santuario

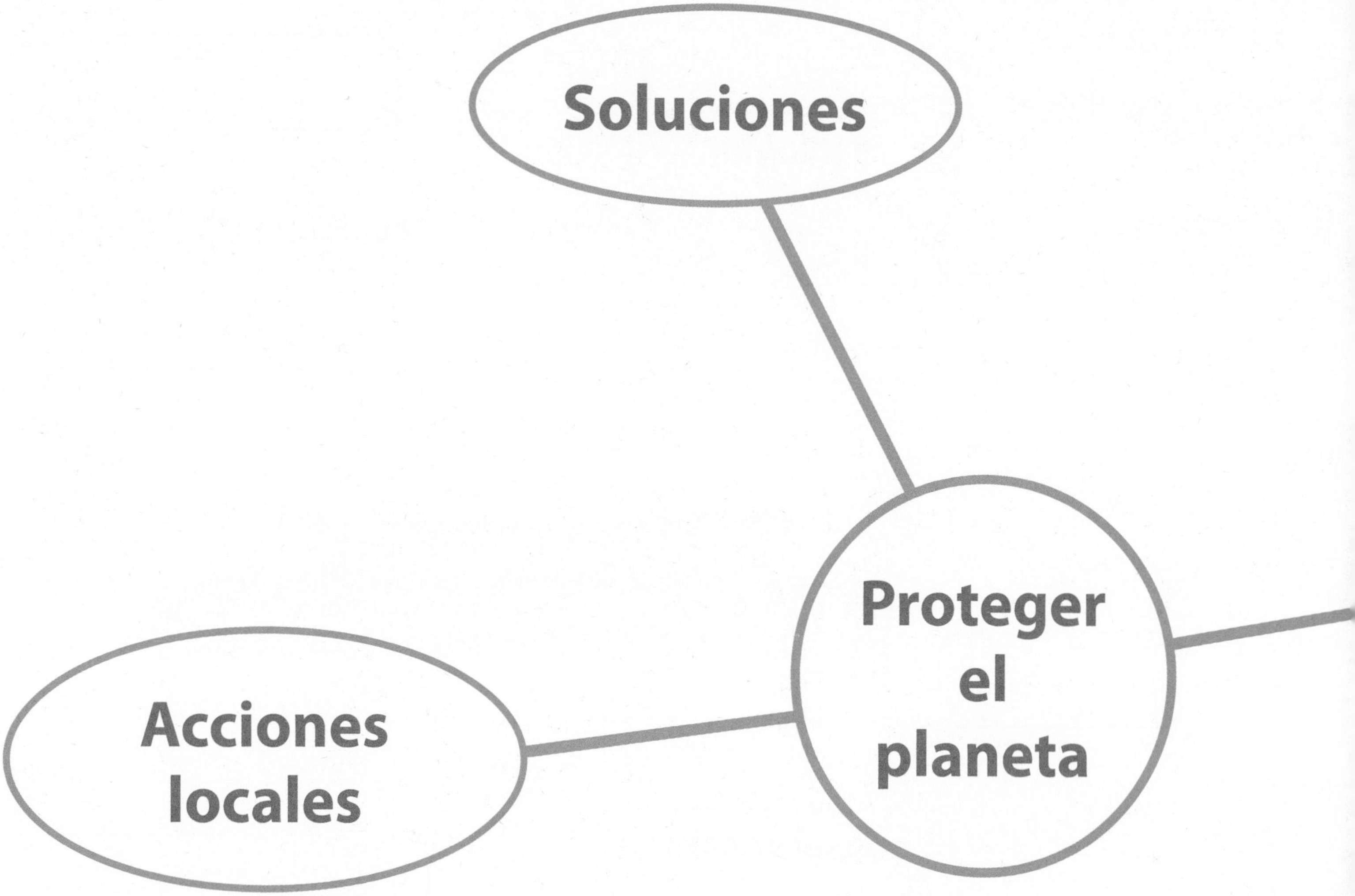

Soluciones

**Proteger
el
planeta**

**Acciones
locales**

Proteger los animales

19 de noviembre

Emelia García
Vicepresidente
Global Solutions
Activista Ambiental
500 Main Street
Waco, TX 76633

Estimada señora García:

1   Somos los Eco Guardianes, un grupo de estudiantes apasionados por la ecología y la conservación. Nuestra tutora, Catherine Leominster, sugirió que la contactáramos ya que usted es experta en temas ambientales. Además, ¡ustedes eran compañeras de habitación en la universidad!

2   Le agradeceríamos que nos aconsejara acerca de lo que podemos hacer en nuestra ciudad para cuidar el medio ambiente. Una de nuestras ideas es organizar todos los años un Día de la Conciencia Ambiental en el que los vecinos recolecten basura en áreas de conservación y eduquen a la comunidad acerca de reciclar, andar en bicicleta y otras formas de cuidar el medio ambiente. ¿Sería tan amable de recomendarnos otras actividades?

3   También tenemos otra idea. En nuestra ciudad hay varios acres de tierras sin usar, y algunas personas quieren construir edificios allí. Sin embargo, pensamos que las tierras deberían convertirse en un santuario para aves y otros animales. Tienen muchos árboles, un estanque y algunos pantanos, así que parecen ideales para este propósito. ¿Se le ocurre alguna forma en la que podamos poner esto en práctica?

4   Quedamos a la espera de su respuesta y le agradecemos muchísimo su atención.

Atentamente,

Jolena Walker
Los Eco Guardianes

5   P.D.: Por favor, recuerde reciclar esta carta. Siempre conviene reutilizar las cosas, ¡incluso el papel!

1 de diciembre

Eco Guardianes
Escuela Primaria Peabody
70 Rindge Avenue
Dallas, TX 02140

Queridos Jolena y Eco Guardianes:

1   En respuesta a su carta sobre cómo cuidar el medio ambiente, permítanme decir que estoy encantada de que existan los Eco Guardianes. El futuro de la Tierra está en las manos de jóvenes como ustedes, y sus esfuerzos pueden hacer que el mundo sea un lugar limpio y verde para las futuras generaciones.

2   ¡Me parece genial la idea del Día de la Conciencia Ambiental! Quizás podrían plantar árboles o comenzar un huerto comunitario, o ambos. A las personas les gusta ensuciarse las manos. Cuando ven crecer un retoño o germinar una semilla, se sienten más cerca de la naturaleza y les dan ganas de protegerla.

3   El santuario también me parece una idea maravillosa. Preservaría muchos hábitats animales y sería un lugar para que las personas puedan disfrutar de la naturaleza. Sugiero que pidan a sus padres que escriban una petición. Si muchas personas la firman, la ciudad podría decidir llevar a cabo ese proyecto en lugar de construir en esa área. Asegúrense de que la petición describa las características naturales del terreno y enumeren algunos de los animales que viven allí. Cuanto más sepa la gente, más posibilidades habrá de que los apoyen.

4   Muchas gracias por escribirme y, por favor, manténganme al tanto de sus proyectos. Además, manden un saludo a la maestra Leominster de mi parte. ¡Ella fue la mejor compañera de habitación del mundo!

Atentamente,

Emelia García
Vicepresidente
Global Solutions
Activista Ambiental

5   P.D.: ¡Tal vez no haga falta que les recuerde que deben reciclar esta carta!

Prepárate para leer

ESTUDIO DEL GÉNERO ▶ Las **novelas gráficas** son cuentos de ficción más largos que se cuentan en formato de historieta.

- En las novelas gráficas, se usan globos de diálogo y viñetas ilustradas para contar una historia.

- Los autores de novelas gráficas cuentan la historia a través de la trama, o los acontecimientos principales de la historia. La trama incluye un conflicto, o problema, y la solución, o cómo se resuelve el problema.

- Las novelas gráficas pueden incluir personajes que actúan, piensan y hablan como personas reales.

ESTABLECER UN PROPÓSITO ▶ **Piensa en** el título y el tema de este módulo. ¿Qué crees que le sucederá a Luz, el personaje principal? ¿Qué te gustaría saber sobre ella? Escribe tus ideas abajo.

VOCABULARIO CRÍTICO

frecuencia

autosuficiente

oasis

autorización

instalan

abandonado

Conoce a la autora:
Claudia Dávila

210

LUZ SE ILUMINA

por Claudia Dávila

A Luz y sus amigos les gusta escuchar música e ir con frecuencia al centro comercial. Pero en el vecindario de Luz comienza a haber apagones, y ella se da cuenta de que no puede hacer algunas de sus cosas favoritas. Mientras da un paseo con su nuevo amigo Robert, su vecino Gord le advierte que habrá más apagones y que, para estar preparados, tienen que ser más autosuficientes. Luz piensa que esas ideas son un poco extrañas, pero cuando sube el precio de la gasolina, su mamá comenta que eso influye en todo, desde lo que cuesta conducir hacia el centro comercial hasta el precio de los alimentos, y quizás incluso en el precio de los tenis nuevos para los que Luz ha estado ahorrando. Ella se da cuenta de que tal vez sea el momento de usar menos energía y ser más autosuficiente.

frecuencia   Si se hace algo con frecuencia, se hace seguido.

autosuficiente   Si algo o alguien es autosuficiente, puede conseguir todo lo que necesita sin ayuda.

¡PÍO PÍO!

Mmm. Nadie mira la tele ni cocina, no hay aire acondicionado... ¿Qué pasa?

¿Hubo otro apagón?

¡Ah, no! ¡Todos están afuera en el patio!

213

215

oasis Un oasis es un sitio tranquilo y grato en medio de algo desagradable.

autorización   Si consigues autorización para hacer algo, la persona que está a cargo te permite hacerlo.

Bueno, ya sabes cómo me gusta venir aquí...

Sí, vaya uno a saber por qué. ¿Y?

Bueno, pensaba que podríamos convertirlo en un parque, para que la gente venga a pasar el rato y los niños tengan un área de juegos, para que toquen bandas de música...

...¡y podamos cultivar nuestros alimentos, así no tenemos que comprarlos a otros países!

¿Cultivar? ¿Qué tiene de malo comprar en las tiendas?

Bueno, casi todo lo que comemos viene de lejos, por eso cuando el petróleo esté muy caro para usarlo en el transporte, o cuando se acabe por completo, ¡no importará porque tendremos una huerta en el barrio!

¡AY! ¡No me gusta cuando dices esas cosas!

Mis notas

¡Ufa! ¿Tan equivocada estoy? ¿Y si mi idea es un disparate total?

Tal vez *no haya* manera de convertir un basurero en una huerta. Todos van a decir que el parque agrícola es una tontería.

¡Hasta suena tonto! Mamá diría que estoy soñando despierta.

Pero ¿nadie ve que las cosas están cambiando? ¿Y que nosotros también tenemos que cambiar?

MÁS TARDE, ESA MISMA SEMANA...

225

UNOS MINUTOS DESPUÉS...

227

¡LUZ!

Ah, genial.

¿Los puedo ayudar en algo?

¡Al contrario!

Es que Robert me contó tu idea del parque y bueno... ¡parece que hay UN MONTÓN por hacer!

Y tal vez, con suerte, no necesitemos cultivar nuestra comida.

¡Está bien! Ya entiendo. ¡Piensan que es una tontería!

¡NO! ¡QUEREMOS AYUDAR!

Creo que tener un parque en el vecindario es una idea genial.

¡Y ya sabes que me encantan las verduras!

¡Gracias!

instalan   Si las personas instalan algo, lo ponen en un lugar y lo preparan para que pueda usarse.

Ya casi es hora...

¡ES LA HORA!

¡BZZZ!

¿Qué?
¡Otro apagón no!

¡Pero a quién le importa! Hoy hay fiesta.

¡Y no hace falta electricidad!

abandonado Si un lugar está abandonado, nadie lo cuida ni lo usa.

Conversación colaborativa

Vuelve a leer lo que escribiste en la página 210. Dile a un compañero dos cosas que aprendiste del texto. Luego trabaja en grupo y comenta las preguntas de abajo. Busca detalles y ejemplos en *Luz se ilumina* para explicar tus respuestas. Toma notas para responder las preguntas y úsalas cuando hables. Cuando hables, conecta lo que dices con las ideas que comentaron los otros integrantes del grupo.

1 Vuelve a leer las páginas 216 y 217. ¿Qué quiere hacer Luz con el baldío que hay en su vecindario?

2 Repasa las páginas 224 a 227. ¿Por qué Luz se siente desanimada cuando empieza con el proyecto?

3 ¿Por qué Luz cree que su proyecto le servirá a la comunidad y al planeta?

Sugerencia para escuchar

Mientras escuchas a los demás con atención, decide si estás de acuerdo o no con lo que dicen. Puedes responder diciendo: "Estoy de acuerdo porque . . .", o puedes dar una opinión diferente.

Sugerencia para hablar

Toma algunas notas del texto que te sirvan para responder cada pregunta. Consulta las notas mientras hablas.

Escribir una entrada de diario

TEMA PARA DESARROLLAR

En *Luz se ilumina*, leíste sobre una niña decidida que convierte un terreno abandonado de la ciudad en un hermoso parque.

Imagina que vives en el vecindario de Luz y que vas a la fiesta de inauguración del Parque de la Amistad. Escribe una entrada de diario sobre lo que viviste en el parque el día de la inauguración. No olvides usar algunas de las palabras del Vocabulario crítico en el texto.

PLANIFICAR

Identifica características del texto y elementos gráficos que se usan para describir el parque y el día de la inauguración. Piensa también en algunas palabras que usarías para describir el acontecimiento basándote en las ilustraciones.

ESCRIBIR

Ahora escribe tu entrada de diario sobre la inauguración del Parque de la Amistad.

Asegúrate de que tu entrada de diario

- ☐ tiene un narrador de la primera persona e incluye pronombres de la primera persona como *yo*, *me* y *mí*.

- ☐ contiene información tomada del texto para describir el día de la inauguración.

- ☐ describe los acontecimientos en un orden que tiene sentido.

- ☐ incluye lenguaje descriptivo y detalles sensoriales.

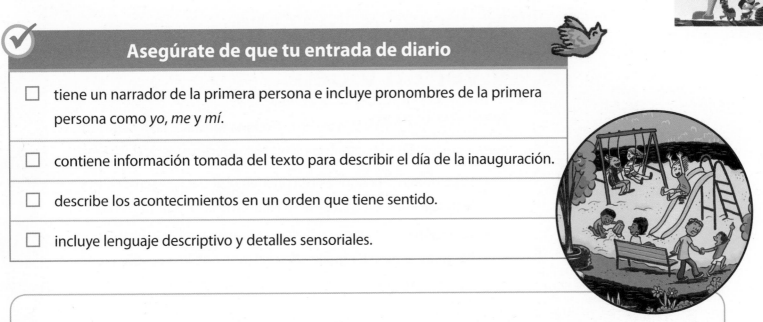

Observa y anota
Preguntas complicadas

Prepárate para leer y ver un video

ESTUDIO DEL GÉNERO Un texto de **ficción realista** es un relato en el que los personajes y los acontecimientos se parecen a los de la vida real.

- Los autores de ficción realista pueden usar detalles sensoriales y lenguaje figurado para desarrollar el ambiente y los personajes.

- La ficción realista incluye diálogo para desarrollar la historia. Los autores usan lenguaje informal para que las conversaciones parezcan reales.

La recuperación de la tortuga lora

Los **videos informativos** presentan datos e información sobre un tema con elementos visuales y audio. Los videos de ciencias pueden incluir escenas de animales en la naturaleza para ilustrar el tema.

ESTABLECER UN PROPÓSITO **Piensa en** el título y el género del texto y el video. ¿De qué crees que tratarán? Escribe tus ideas abajo.

Desarrollar el contexto: Las tortugas marinas

VOCABULARIO CRÍTICO
patrullaje
obsesionada
se desorientan
considerable
reclutando
varada

Patrullaje de tortugas marinas

por Nancy Dawson

ilustrado por Denise Ortakales

1 —¡Última llamada, Caro! —la abuela sacude sus llaves mientras camina hacia el estacionamiento.

2 —¡Ya voy! —grito yo, y revoleo las sábanas. Por la ventana, se ve cómo brilla el cielo antes del amanecer.

3 El problema de rastrear tortugas marinas es que hay que levantarse temprano todos los días. Hoy es mi vigésimo quinto día de patrullaje, que según la abuela debe de ser un récord para una niña de doce años.

4 Cuando Papá me dejó en la casa de la abuela aquí en Florida, dos días después de terminar las clases, ¿quién hubiera dicho que pasaría de ser una niña de la ciudad de Cincinnati a trabajar como voluntaria en la playa, obsesionada por las tortugas marinas? Cuando no estoy en la playa, miro videos o leo libros sobre tortugas.

5 Me pongo los pantalones y una camiseta azul, la que tiene tortugas bebé que se arrastran desde el pecho hasta los hombros. Tomo una banana de la mesa de la cocina y me apresuro a salir.

6 Cuando la abuela y yo llegamos a la playa, el cielo brilla con un amarillo claro y el sol empieza a asomar en el horizonte. Respiro el aire salado y me paso la lengua por los labios para sentir ese sabor intenso. Guardo las sandalias en el bolsillo y hundo los dedos de los pies en la arena blanca.

7 Caminamos por la orilla, buscando en la arena huellas frescas de tortuga, que los científicos también llaman "rastros". A lo largo de la playa hay edificios altos de apartamentos y hoteles, pero a esta hora de la mañana no hay nadie, salvo dos personas que salieron a correr por la orilla. Hay una bandada ruidosa de pelícanos marrones que pelean por la carcasa de un pescado envuelta en una maraña de algas. Además de eso, solo se oye el vaivén de las olas.

8 —¡Un rastro! —exclamo, orgullosa de haberlo encontrado antes que la abuela. La huella viene directamente del mar, dos líneas largas de huequitos que la tortuga cavó en la arena con sus aletas.

> **patrullaje**   Si alguien hace patrullaje por una zona, recorre el lugar o lo vigila para asegurarse de que esté todo bien.
>
> **obsesionada**   Si una persona está obsesionada con algo, piensa en eso todo el tiempo.

Rastros de tortuga, de entrada y salida

9   —¿Qué tipo de tortuga es? ¿En qué dirección está? —pregunta la abuela.

10   Miro las fotos de huellas que tengo en el reverso de mi carpeta y respondo:

11   —¿Tortuga boba, de entrada? —Las tortugas bobas son las más comunes en esta zona de la costa del golfo de Florida. Contengo la respiración y espero el veredicto de la abuela.

12   —Muy bien, Caro —me dice ella. Después anota en su carpeta la ubicación del nido, la fecha y la hora. Mira la arena con el entrecejo fruncido—. ¿Dónde está el rastro de salida?

13   Observo la arena. No hay rastro de salida, que debería estar cerca o encima de las huellas de entrada. Las tortugas a veces se desorientan con las luces brillantes de los edificios que están cerca de la playa. ¿Será que esta tortuga mamá se perdió?

> **se desorientan**   Las criaturas que se desorientan están confundidas y no saben dónde están.

14   La abuela guarda su carpeta en la mochila y dice:

15   —Vamos, Caro. Sigamos las huellas.

16   El rastro nos lleva hasta la línea de la marea alta, donde la arena está seca y blanda. La hierba marina me hace cosquillas en los pies descalzos mientras subimos por una duna. Llegamos a la cima y vemos…

17   ¡Una tortuga! Está echada en un hueco pequeño en la arena, inmóvil. Sus ojos, de un marrón vidrioso, están abiertos de par en par y rodeados de cristales de sal.

18   —¿Está bien? —le pregunto a la abuela.

19   —Espero que sí. Quizás esté descansando mientras cava el nido para sus huevos —dice la abuela—. Sigamos observando.

20　　La observamos, pero la tortuga sigue quieta. Mide más o menos tres pies de largo. Su cabeza es de tamaño considerable, y la mandíbula es grande y tiene poco filo, dos características típicas de la tortuga boba. El caparazón, las aletas y la cabeza están cubiertos con un rompecabezas de formas geométricas de color marrón rojizo, delineadas con blanco. Tiene manojos de algas y crustáceos grises pegados al caparazón.

21　　—¡Mira, abuela! Está moviendo las aletas traseras.

22　　La tortuga mueve las aletas traseras una a la vez, como si remara, y empuja la arena hacia atrás. Cava y descansa, cava y descansa.

> **considerable**　Si algo es de tamaño considerable, es bastante grande.

23　　Para poner los huevos, necesita cavar un nido de dos pies de profundidad. ¡Y le lleva mucho tiempo! El sol ya está en lo alto. Sé que la tortuga está en trance: no se da cuenta de que estamos ahí ni de nada de lo que pasa a su alrededor hasta que termina de desovar. Pero igual, debemos protegerla.

24　　—¡Mira! ¡Huevos! —dice la abuela, y yo vuelvo a prestar atención a la tortuga. Su cola cortita y gruesa se mueve a un lado mientras expulsa los huevos blancos y redondos, del tamaño de una pelota de ping-pong. Un líquido transparente y pegajoso se desliza por los huevos mientras caen en el nido.

Nido con huevos recién puestos

25 —¡Guau! —susurro. Me siento la protagonista de un documental sobre la naturaleza. Solo que la tortuga es la verdadera estrella.

26 —Desde hace millones de años, las tortugas llegan a las costas de distintas partes del planeta a poner sus huevos —comenta la abuela con la voz llena de asombro.

27 La tortuga sigue poniendo huevos, de a uno. Pondrá alrededor de 120. Luego volverá al mar.

28 Si es que logra cruzar la playa. Las tortugas se mueven de noche, pero alguien olvidó decírselo a esta. ¿Y si se confunde con la luz y no puede encontrar la orilla? ¿Y si termina en el estacionamiento de un hotel y la aplasta un carro?

29 Se me hace un nudo en la garganta y solo pienso en los problemas terribles de la tortuga. ¿Qué podemos hacer?

30 La abuela está al teléfono reclutando a otros voluntarios para que vengan a ayudar, y rápido.

> **reclutando** Si estás reclutando personas, les estás pidiendo que te ayuden a hacer algo.

31 —Trataremos de ayudarla a volver a su casa, en el mar —me dice—. El resto dependerá de ella.

32 La tortuga sigue echada. Me pregunto si estará enferma o herida. Pero enseguida arroja arena al aire y se da vuelta para apretarla bien y tapar el nido. Esparce más arena encima para esconder el nido de los mapaches y los perros callejeros. Luego se da vuelta y se arrastra hasta el mar, sin mirar atrás.

33 Nosotras la seguimos.

34 —Tú cuida el lado izquierdo, Caro, camina diez pies detrás de ella. Yo cuidaré el lado derecho. Hay que evitar que la gente se acerque a ella y a sus rastros de entrada, porque son su única guía para volver al mar.

35 Mi lado de la playa está vacío, excepto por una bandada de aves que están en la orilla. Las aves picotean la arena mojada para cazar insectos y otros bocados sabrosos. Con cada ola, vuelan hacia el suelo seco. En cuanto la ola se va, las aves regresan.

36 Dejo de mirar las aves y me concentro en la tortuga. Un paso a la vez, arrastra lentamente sus 300 libras hacia el mar. No me sorprende que las hembras de tortuga boba solo vayan a la playa cuatro o cinco veces cada verano para poner sus huevos. Pasan el resto de su vida nadando con gracia en el océano.

37 La abuela señala a dos hombres que corren por la orilla del mar.

38 —Quédate con la tortuga mientras voy a hablar con esos hombres —me indica.

39 Cuando ella se va, escucho un alboroto que viene de abajo, cerca del agua. Desde lo alto de la duna, veo a dos muchachos que hacen piruetas con sus bicicletas en la orilla. Van directo a las huellas de la tortuga.

40 Empiezo a correr, pero no puedo avanzar mucho por la arena suelta. Corro… bueno, a paso de tortuga. Cuando llego a la arena mojada, es más fácil.

41 —¡Paren! —les grito, moviendo los brazos como un policía de tránsito.

42 —¿Desde cuándo eres policía? —me pregunta un muchacho de cabello negro peinado hacia arriba. Es un pie más alto que yo, y mayor. Quizás esté en la escuela secundaria. Su amigo se acerca por la izquierda.

43 Me aclaro la garganta y recuerdo mi capacitación como voluntaria: "Preséntate. Haz que los transeúntes se conviertan en aliados".

44 —Me llamo Caro. No soy policía, pero trabajo de voluntaria para proteger a las tortugas. Tenemos una tortuga varada. ¿Quieren ayudarme?

45 —¡Claro! —dice su amigo—. Me llamo Eric —Señala a su amigo de cabello negro—. Él es Mateo. El año pasado, en Biología, adoptamos un nido de tortugas. Tuvimos que excavarlo tres días después de que las tortugas salieran y hacer un inventario de los cascarones.

46 Me da mucha envidia, pero solo atino a decir:

47 —¡Genial!

48 Eric recorre la playa con los ojos.

49 —¡La tortuga! —exclama, y la señala.

50 La tortuga aparece en lo alto de la duna y se desliza por la ladera empinada. Luego se arrastra con la ayuda de sus aletas.

51 Un grupo de adultos seguidos por tres niños pequeños salen de un edificio de apartamentos. Llevan sillas plegables y una sombrilla, y arrastran una nevera portátil. Debo detenerlos antes de que pisen las huellas. Me pongo la visera que dice "Salvemos a las tortugas", con la esperanza de parecer mayor y tener un aspecto más oficial.

> **varada** Si una cosa está varada, está trabada y no puede salir de donde está.

52   —Iré a hablar con esas personas —les digo a Eric y a Mateo—. Ustedes cuiden este lado de las huellas, por favor. Si alguien se acerca, pídanle que se quede a diez pies de distancia, detrás de la tortuga, y que no toque las huellas.

53   Corro hasta las personas que se acercan y les aviso de la tortuga. Son turistas de Iowa y les entusiasma mucho poder ver una tortuga marina. Dejan sus cosas apiladas y me siguen.

54   Eric y Mateo están a un lado del rastro, vigilando la playa y custodiando el lento avance del animal. Yo acomodo a los turistas en una hilera junto a los muchachos.

55   La abuela y los hombres que estaban corriendo forman otra hilera al otro lado de las huellas. Ya llegaron algunos voluntarios y están trabajando a ambos lados, con sus camisetas oficiales de color verde claro que dicen "Tortugas marinas – Voluntario". Tengo muchas ganas de tener una de esas camisetas, pero debo esperar a cumplir dieciocho años para ser una voluntaria oficial.

56   La multitud atrae multitudes, eso dice siempre la abuela. De pronto hay unas veinte o treinta personas a cada lado de las huellas. Con sus teléfonos, le toman fotografías a la tortuga, a sí mismas, a los voluntarios y a mí.

¡Recién salida del nido y camino al mar!

57 Una mujer, que está un poco más adelante, tiene la mirada fija en la tortuga. Con los brazos, le indica que se acerque, como diciendo: "¡Vamos, tú puedes!".

58 Y puede. Eso creo. Solo le faltan quince pies para llegar a las olas que rompen en la orilla. Todos los voluntarios oficiales están al borde del agua, así que voy hasta allá.

59 Con un último empujón, la tortuga llega al agua. Una ola le cubre el cuerpo. Pero cuando el agua se retira, la tortuga queda varada en la arena mojada. Quiero empujarla para ayudarla, pero sé que no debo hacerlo. Los voluntarios abren los brazos para evitar que las personas se acerquen, así que yo hago lo mismo.

60 Otra ola envuelve a la tortuga, y luego otra, hasta que queda flotando. El animal se sumerge en el agua y se aleja nadando.

61 Todos aplauden y vitorean. Un niño grita: "¡Adiós tortuga!". Algunos desconocidos se abrazan y lloran, y yo me doy cuenta de que mis propias mejillas están húmedas.

62 La abuela pone su brazo sobre mis hombros y me dice:

63 —Buen trabajo, Caro. Estoy orgullosa de ti. —Nos quedamos allí paradas, la abuela y yo, mirando hacia el océano infinito.

64 El mejor día de patrullaje de tortugas. ¡Y por mucho!

La recuperación de la tortuga lora

Mientras miras *La recuperación de la tortuga lora*, observa cómo se usan la narración y las imágenes juntas para presentar la información. ¿Cómo presenta el narrador la información nueva sobre las tortugas marinas? ¿Cómo se apoya esa información con los elementos visuales? ¿En qué se parece la información del video a lo que aprendiste en *Patrullaje de tortugas marinas*? Toma notas en el espacio de abajo.

¿Por qué las tortugas están en peligro de extinción? ¿Qué medidas han tomado los científicos para salvar a la tortuga lora? ¿Cuánto tiempo tuvieron que esperar los científicos para empezar a ver los resultados de su labor? Toma notas en el espacio de abajo.

Conversación colaborativa

Trabaja en grupo y comenta las preguntas de abajo. Busca detalles y ejemplos en *Patrullaje de tortugas marinas* y *La recuperación de la tortuga lora* para explicar tus respuestas. Toma notas para responder las preguntas. Escojan a alguien del grupo para que tome notas sobre la conversación.

1. Vuelve a leer la página 251. ¿Por qué a las tortugas marinas les resulta difícil sobrevivir?

2. ¿Por qué los científicos y voluntarios buscan y protegen los rastros de las tortugas?

3. ¿Qué hace la gente para ayudar a que aumente la población de tortugas marinas?

Sugerencia para escuchar

Si te tocó a ti tomar notas, escucha con atención a todos los que hablan. Cuando alguien termina de hablar, anota las ideas principales que comentó.

Sugerencia para hablar

Después de comentar cada pregunta, pidan al que tomó notas que vuelva a leer las respuestas del grupo. Decidan juntos si hay que agregar algo más.

Escribir un anuncio

TEMA PARA DESARROLLAR

En *Patrullaje de tortugas marinas* y *La recuperación de la tortuga lora*, aprendiste sobre las medidas que toman las personas para proteger tortugas marinas en peligro de extinción.

Imagina que eres parte de un grupo que hace patrullaje de tortugas marinas. Escribe un anuncio para publicar en el periódico o sitio web de la escuela y conseguir más voluntarios que ayuden con este trabajo. No olvides usar algunas de las palabras del Vocabulario crítico en el texto.

PLANIFICAR

Escribe dos razones que apoyen la afirmación de que los estudiantes deben proteger a las tortugas marinas. Luego, busca detalles en el texto que apoyen cada una de tus razones.

Ahora escribe tu anuncio para alentar a otros a que se unan al patrullaje de las tortugas marinas.

Asegúrate de que tu anuncio
☐ expresa tu afirmación con claridad.
☐ incluye las razones de tu afirmación.
☐ incluye acontecimientos, detalles y ejemplos tomados del texto que apoyen cada razón.
☐ incluye palabras y frases como *por ejemplo*, *a fin de* y *además* para mostrar la conexión entre razones y detalles.
☐ termina con una oración de cierre que ayudará a los lectores a recordar el anuncio y alentarlos a actuar.

Observa y anota
Números y estadística

Prepárate para leer

ESTUDIO DEL GÉNERO ▸ Los **textos informativos** brindan datos y ejemplos sobre un tema. En los **textos argumentativos**, el autor hace una afirmación sobre un tema y la apoya con datos y detalles para convencer a los lectores de que estén de acuerdo con su argumento.

- Los autores de textos informativos pueden organizar sus ideas con encabezados y subtítulos, que indican a los lectores de qué tratará la sección siguiente.

- Los autores de textos informativos pueden organizar sus ideas enunciando un problema y explicando su solución.

- Los textos científicos tienen palabras que son específicas del tema.

- Los textos argumentativos incluyen evidencia, como datos y ejemplos, que apoyan el argumento del autor.

ESTABLECER UN PROPÓSITO ▸ **Piensa en** el título y el género del texto. ¿Qué sabes sobre la función de los árboles y su cuidado para nuestro planeta? ¿Qué te gustaría saber? Escribe tus ideas abajo.

Desarrollar el contexto:
Los árboles a tu servicio

VOCABULARIO CRÍTICO

fuente

nativo

12 ÁRBOLES AMIGOS

por María Benedetti y Jacqueline Negrón Flores

1 Nuestras relaciones con las plantas nos permiten vivir. Sin las plantas, no existiría gente ni animal alguno. Las plantas son la fuente principal del oxígeno y alimento en nuestro planeta. De hecho, directa o indirectamente, las plantas son la materia prima de toda empresa humana.

2 Muchos estudios comprueban que nuestro contacto con las plantas también tiene valor terapéutico. Por eso, se integran jardines y huertos en los hospitales para que los pacientes que siembren y cuiden de las plantas se sientan mejor y sanen más rápidamente.

3 A través de los siglos, los pueblos de todas las regiones del mundo han utilizado las plantas de maneras infinitas.

- juguetes
- muebles
- cosméticos

- medicina
- alimentos
- bebidas

- telas y ropa
- papel y cartón
- colorantes

Usos de las plantas

- aceites y grasas
- jabones y perfumes

- construcción de viviendas y embarcaciones

- instrumentos musicales

fuente Una fuente es el origen de algo o el lugar donde puedes encontrarlo; decimos que las plantas son una fuente de oxígeno porque producen oxígeno.

Los árboles y nuestra cultura

4   Cuando pensamos en la cultura de Puerto Rico, nos vienen a la mente sonidos e imágenes: nuestra música y los bailes de salsa, bomba y plena; los dichos y refranes, nuestra vestimenta folclórica, la hospitalidad puertorriqueña y nuestros alimentos y bebidas favoritos. ¿Sabías que todas esas cosas dependen plenamente de los árboles?

5   De los árboles proviene la madera de la que están hechos los barriles de bomba o tambores, los bongóes, los panderos, las guitarras y los cuatros. Si no fuera por los árboles de algodón y la tela fresca que de ellos se teje, ¡qué calurosa sería nuestra ropa! De los árboles provienen las higüeras que nos han servido de maracas, platos y vasos, obras de arte, remedios caseros y muchas cosas más. Sin los árboles de café, guanábana, papaya, aguacate, tamarindo, mangó (mango), china, limón y tantos más, seríamos menos hospitalarios, pues tendríamos mucho menos para consumir y ofrecer al visitante. La tradición de conocer y usar los árboles es parte fundamental de nuestra cultura. ¡Hasta las canciones mencionan los árboles del país y sus frutos!

Naranja dulce, limón partido, dame un abrazo que yo te pido...
Buscando guayaba ando yo, que tenga sabor que tenga mentol...
Volemos amigos, al bosque corramos y presto subamos al rico mangó...
Algarrobo, algarrobal, qué gusto me dan tus ramas cuando empiezan a brotar...
Toco, toco, toco, toco...
¡Vejigante come coco!

Las partes del árbol

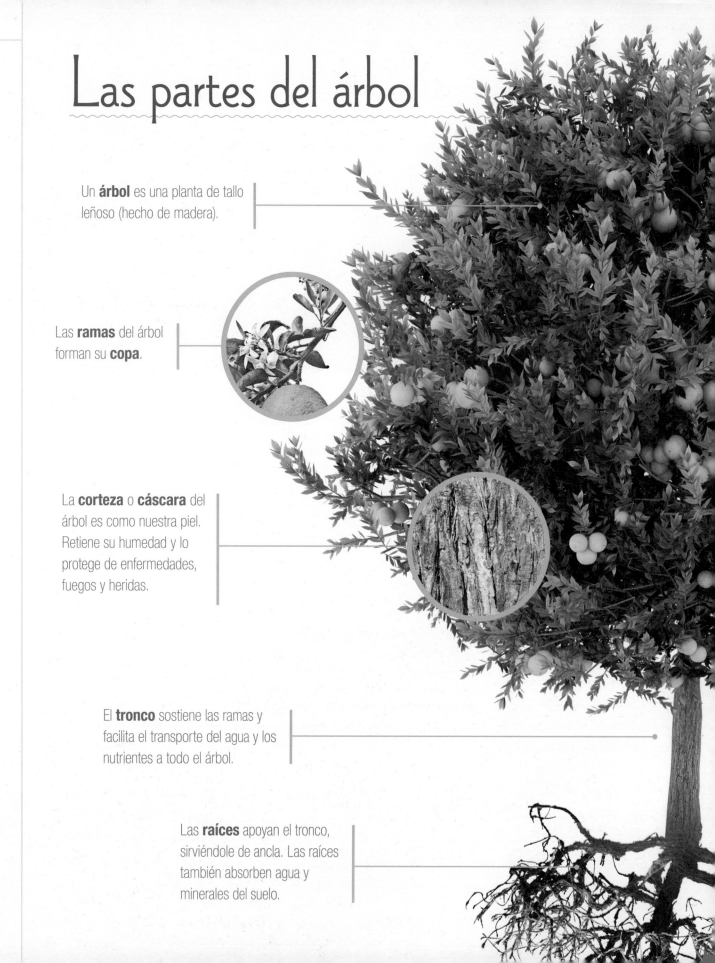

Un **árbol** es una planta de tallo leñoso (hecho de madera).

Las **ramas** del árbol forman su **copa**.

La **corteza** o **cáscara** del árbol es como nuestra piel. Retiene su humedad y lo protege de enfermedades, fuegos y heridas.

El **tronco** sostiene las ramas y facilita el transporte del agua y los nutrientes a todo el árbol.

Las **raíces** apoyan el tronco, sirviéndole de ancla. Las raíces también absorben agua y minerales del suelo.

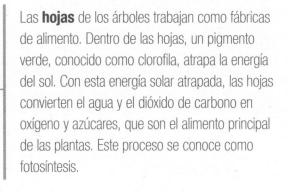

Las **hojas** de los árboles trabajan como fábricas de alimento. Dentro de las hojas, un pigmento verde, conocido como clorofila, atrapa la energía del sol. Con esta energía solar atrapada, las hojas convierten el agua y el dióxido de carbono en oxígeno y azúcares, que son el alimento principal de las plantas. Este proceso se conoce como fotosíntesis.

La mayoría de los árboles se reproducen gracias a sus **flores**. Las flores permiten que se formen las **semillas**, que son la nueva generación.

La palabra **fruto** es un término científico que describe el cuerpo fibroso que cubre y protege la semilla de una planta, incluyendo esa semilla. En otras palabras, el fruto es el hijo de la planta.

¿SABÍAS?

Cuando un fruto contiene una pulpa comestible, de sabor dulce o agrio y delicioso, decimos que es una fruta. Todas las frutas son frutos, ¡pero no todos los frutos son frutas!

Una **vaina** es una bellota que encierra semillas organizadas (casi siempre) en filas. Por ejemplo, los gandules, las habichuelas, los algarrobos y los árboles de tamarindo producen vainas que protegen sus semillas.

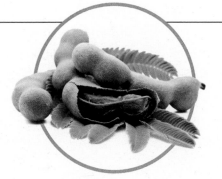

Retoño de algarrobo

El algarrobo

Semillas del algarrobo y juego de gallitos

6   Originalmente de la región centroamericana, su territorio se extiende desde las Antillas hasta partes de América del Sur. Fuente de sombra, belleza, alimento, medicina, madera noble y entretenimiento, este árbol es fácil de identificar por sus hojas, que jamás nacen solas. Cada hoja del algarrobo está compuesta por dos hojuelas gemelas. Claro está, en tiempo de cosecha, sus vainas duras de color café también distinguen a este árbol de todos los demás.

7   En varios países del Caribe, la pulpa de su fruto se valora como superalimento, rico en proteína, calcio, hierro y vitaminas B.

8   La madera del algarrobo es dura y de grano fino. Por su gran contenido de resina, puede resistir ataques de los insectos.

Se emplea para construir pisos, escaleras y muebles finos.

9   Los taínos, habitantes indígenas de las Antillas, hacían canoas livianas al liberar la corteza de los algarrobos grandes en una sola pieza. Cosían los extremos y ponían tablas de madera de un lado a otro. Estos travesaños fortalecían la estructura. Finalmente, usaban su resina para tapar las rendijas. Así sus canoas quedaban impermeables. ¡La palabra *canoa* es de origen taíno!

¿SABÍAS?

Un algarrobo saludable puede producir mil bellotas al año. Estas vainas rinden unas 25 libras de pulpa comestible.

Fruto maduro y abierto del algodón

El algodón

10   El nombre taíno del algodón es *sarobey*. El arbolito de algodón es pantropical, es decir, se considera nativo de varias regiones tropicales alrededor del planeta. La pulpa del fruto del algodón es la fibra natural más usada en el mundo para manufacturar ropa, vendajes, filtros de laboratorio, cordones, hamacas, cortinas, mechas para velas, piezas finas de mundillo o encaje y mil cosas más. ¡Hasta las aves usan el algodón para construir sus nidos! Es muy probable que alguna prenda de ropa que llevas puesta hoy contenga algodón. Lee las etiquetas y lo comprobarás.

11   Con su larga raíz central y abundantes raíces laterales, el árbol de algodón evita la erosión del suelo.

> **nativo**   Algo que es nativo de un lugar nace naturalmente allí.

¿SABÍAS? Los árboles de algodón aportan mucho al bienestar de los seres humanos alrededor del planeta entero. Por razones de conservación y por respeto, jamás cosechamos más de 1/3 de la población de una planta silvestre.

12   Las semillas de algodón nos brindan un aceite (*cottonseed oil* en inglés) rico en vitamina E, utilizado en alimentos, medicinas y otros productos. Lamentablemente, el algodón es rociado a menudo con venenos agrícolas. Estos venenos se concentran en sus semillas —fuente del aceite comestible— por lo que debemos ser cuidadosos en su consumo.

Hisopos de algodón

265

Almendras tropicales

El almendro tropical

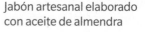

Jabón artesanal elaborado
con aceite de almendra

13   El almendro tropical es nativo de Asia, pero este atractivo y generoso árbol es común en todo Puerto Rico, especialmente bordeando las playas y carreteras costeras. El almendro tolera muy bien el salitre del litoral, donde protege las dunas y nos brinda belleza, sombra, alimento y medicina.

14   Se reconoce este árbol desde lejos porque sus ramas crecen en capas horizontales. Sus hojas de forma ovalada o espatulada (como espátula) son llamativas porque se tornan rojas y luego caen al suelo. El almendro produce hojas nuevas en poco tiempo.

15   El fruto del almendro puede flotar sobre las aguas marinas durante meses y luego germinar... como si no hubiera viajado. Los murciélagos también transportan las almendras por largas distancias antes de comerse la cáscara y dejar caer la semilla.

Gracias a estos métodos de dispersión y a sus consumidores humanos, quienes lo sembramos desde hace miles de años, el almendro de Asia crece silvestre alrededor del mundo tropical.

16   Además de ser sabrosas, sus semillas (las almendras) contienen un 27% de proteína. ¡Más que el pollo! En Puerto Rico, las almendras tropicales siempre nos han alimentado en turrones, batidas, budines, arroces y otros platos exquisitos. El aceite de almendras también es de primera calidad para cocinar y hasta para elaborar velas y jabones.

17   La madera del almendro tropical se utiliza en carpintería y la fabricación de cajas.

Naranja o china, fruta del naranjo

El naranjo

18   En Puerto Rico, el árbol de naranjas dulces se conoce como el chino o árbol de chinas. Para orgullo nuestro, somos entre los pocos hispanohablantes que conservamos este nombre, el cual comunica su lugar de origen. Como dice su nombre, este árbol es oriundo de China.

19   El chino o naranjo es el árbol frutal más ampliamente cultivado en el mundo entero. ¡Y con razón! Además de brindarnos mucha vitamina C, vitamina A2 y fósforo, las chinas o naranjas contienen más calcio que el brécol

Abeja extrayendo el néctar de la flor del naranjo

¿SABÍAS?

¿CHINAS o NARANJAS? Podemos distinguir las chinas de las naranjas agrias sin tener que probarlas. Las frutas agrias que los puertorriqueños llamamos naranjas son huecas en el centro y su cáscara se desprende con gran facilidad.

o brócoli. También son una buena fuente de antioxidantes. Algunos estudios comprueban que el consumo de chinas y otras frutas cítricas ayuda a bajar el colesterol. Esto se debe, en parte, a la presencia de la pectina (un tipo de sal alta en calcio y magnesio) que se concentra en la capa blanca de la cáscara. ¡En algunos países, la cáscara de la china vale más que el jugo!

20   Las flores del chino figuran entre las que más néctar producen a nivel mundial. Las abejas utilizan este néctar para producir la miel.

21   Extraído de su cáscara, el aceite esencial de las chinas se utiliza en la industria de alimentos como "sabor natural" en refrescos, helados, salsas y dulces.

Coco maduro abierto

Guayaba, fruta del guayabo

La palma de coco

¿SABÍAS?

El coco es la segunda semilla más grande del mundo.

22   Nativo del Pacífico tropical, el cocotero, también conocido como la palma de coco, es uno de los 10 "árboles" más útiles para la humanidad. El cocotero en realidad no es un árbol sino una palma. De las palmas cultivadas, el cocotero es la de mayor importancia económica en el mundo.

23   Los cocos llegaron a las Antillas por dos vías. Durante el siglo XVI, un misionero español trajo palmas de coco desde Cabo Verde, en la costa noroeste de África. Pero hay evidencia de que ya el coco había llegado desde el Pacífico tropical hasta Centroamérica, posiblemente por sus propias mañas. Como la almendra, el coco maduro puede flotar por 3 o 4 meses. Luego, germina tan fresco como si solo hubiera tomado una siesta. De hecho, cocos sanos y comestibles han flotado desde la zona tropical… ¡hasta Noruega!

24   Con el coco confeccionamos platos sabrosísimos, como las arepas de coco, el tembleque, el arroz con dulce, el arroz con coco, el majarete, el coquito y otras tantas delicias más.

25   Al ser tan flexible, el cocotero resiste bien los vientos de nuestra región. Tanto así que algunos antillanos han sobrevivido maremotos y huracanes amarrándose a una palma de coco.

26   La palma de coco es un buen integrante de la agricultura sustentable de nuestras costas. Su sombra leve hace que sea muy buena vecina de las plantas de yuca, batata, ñame, guineo o banana, piña y otros frutos tropicales. Además, esta palma ofrece buena sombra para el ganado y sostiene los bejucos de parcha o maracuyá y otras enredaderas.

Fruto del higüero

El guayabo

27 ¡Árbol frutal de América tropical!

28 Para los taínos, el guayabo era un árbol sagrado. Observaban que su fruto atraía al murciélago, animal honrado como mensajero de los ancestros. Por esto, los taínos asociaban el guayabo con los antepasados y con el misterio de la vida y la muerte.

29 El guayabo tiene un tronco distintivo. Su corteza es lisa con muchas capas finas que se desprenden, dejando el tronco con un aspecto manchado.

30 En cuanto a la guayaba, esta fruta es rica en potasio y vitaminas A y C. ¡Las guayabas contienen 5 veces más vitamina C que las chinas!

31 La madera del guayabo se utiliza para elaborar hondas, trompos y otros juguetes hermosos y duraderos.

¿SABÍAS?

La humilde guayaba ha influido mucho en nuestro idioma. En Ecuador, una guayaba es el tobillo del pie. En Guatemala, una guayaba es un beso.

El higüero

32 El higüero es una de las plantas más vistosas y útiles de todo Borikén (nombre taíno con el que se identificaba la isla grande de Puerto Rico). Este árbol nativo de las Antillas y América Central se distingue por sus ramas casi horizontales, sus hojas largas y sus grandes frutos redondos u ovalados de color verde.

33 Desde tiempos precolombinos, sacamos la pulpa del fruto del higüero y luego utilizamos la cáscara dura para elaborar vasos, platos (ditas), cucharones (jatacas), maracas, prendas naturales, juguetes, envases y otros artículos de utilidad.

34 En el patio criollo, el higüero es un atractivo del paisajismo tropical. También sirve como anfitrión de gran diversidad de orquídeas.

Semillas secas de malagueta

La malagueta

35   Nativo de las Antillas, el árbol de malagueta se conoce alrededor del mundo por su valor culinario, cosmético y medicinal. Los conquistadores españoles usaban sus semillas molidas para conservar las carnes y, a la vez, como sabroso condimento digestivo muy parecido a la pimienta.

36   Los farmacéuticos criollos destilaban el aceite esencial de las hojas con diversos fines terapéuticos.

37   La corteza de la malagueta se parece a la de su pariente el guayabo. Es lisa, con capas finas que se desprenden.

¿SABÍAS?

A nivel mundial, la malagueta es una de las plantas que más aceite esencial produce. Mediante la destilación, se produce el equivalente de 1 libra de aceite por cada 100 libras de hojas. Es decir, la esencia aromática de la malagueta representa el 1% del volumen de sus hojas.

Mofongo, plato típico puertorriqueño que se hace en un pilón

38   La madera de la malagueta es atractiva, dura, pesada y resistente a los insectos. Luego de una poda realizada durante la fase de luna menguante, se aprovecha la madera para hacer postes buenos para cercas y construcciones. Es tradicional usar esta madera aromática para macetas de pilón. También se presta para elaborar hermosos trabajos al torno.

Fruta del mango

El mangó o el mango

39   De tronco grueso y copa redonda, el mango se siembra alrededor del mundo tropical por el gran valor de su fruto del mismo nombre. Sabroso y nutritivo, el mango es buena fuente de vitaminas A, B y C, potasio, hierro, fósforo y calcio. El mango también contiene más proteína que la mayoría de las frutas. Disfrutamos de consumir esta fruta madura en ensaladas, batidas y jugos. En su etapa verde pintón, el mango se prepara en dulces, salsas, encurtidos, mermeladas y vinagres. Tanto la fruta como las hojas son fuentes importantes de alimento para el ganado. ¡Hasta las semillas se preparan como alimento y medicina!

40   La madera del mango produce un carbón vegetal excelente y sus cortes (conocidos como "chuletas") se usan para hacer buenas tablas de picar. Los pilones de mango también son comunes y muy atractivos.

Batida de mango

Carbón vegetal de la madera del mango

¿SABÍAS?

Los boricuas somos los únicos hispanohablantes que decimos mangó con acento en la ó. Esta forma de decir mango es parte de nuestra idiosincrasia nacional.

Fruto del panapén

El árbol de pana

41   La pana también se conoce en la isla grande de Puerto Rico como panapén, pana de raja, chuleta de gancho y —en el sur— mapén. Este fruto, aunque solo contiene un 1.5% de proteína, es buena fuente de vitaminas A, B y C.

42   Nuestra pana de raja se come en tostones y rellenos, en pastelones o simplemente sancochada en agua salada con varios dientes de ajo.

43   En tiempos de sequía prolongada, las hojas nuevas de estos árboles sirven de alimento para reses, cabras, cerdos y caballos. ¡Hay que alejar estos animales de los arbolitos nuevos! En la agricultura tropical, las hojas de pana sirven como cobertor de suelos. Al formar una barrera entre el suelo y el sol, mantienen la humedad de la tierra y evitan el crecimiento de malezas entre los cultivos. Cuando se descomponen las hojas, estas enriquecen el suelo.

44   La madera liviana de estos árboles sirve para elaborar tablas de surfear porque la savia blanca las protege de las plagas marinas.

Archipiélago de Puerto Rico

Vainas, semillas y fruta agridulce del tamarindo

El tamarindo

45   El producto más valioso de este árbol es su fruta agridulce. De su pulpa madura, rica en fibra y en vitaminas A y C, se preparan sabrosos refrescos, helados, salsas, bombones, piraguas, límbers, aderezos y remedios caseros. Los cocineros centroamericanos mezclan el jugo de la fruta del tamarindo con especias dulces como canela, clavos y jengibre. ¡Rico!

46   La madera del tamarindo es dura, pesada, atractiva y resistente a los insectos. Es una excelente fuente de leña y cartón. En donde crece abundantemente, esta madera es ideal para elaborar obras de artesanía y muebles finos; también para construir edificios y embarcaciones. Aunque los troncos de los tamarindos alcanzan grandes diámetros, las tablas anchas de su madera son escasas porque los árboles viejos tienden a ser huecos.

¿SABÍAS?

El tamarindo es tan bueno para la digestión que en Malasia —país del Pacífico tropical— se usan los frutos y la corteza del árbol para tratar los problemas estomacales de los elefantes. Para grandes dolores, ¡un gran remedio!

47   La amplia corona del tamarindo ofrece tanta sombra que dondequiera que crece, el espacio debajo de este árbol se disfruta como lugar de descanso y reuniones comunitarias.

48   El árbol del tamarindo se cultiva como hermoso ejemplar del arte del bonsái.

Piragua o refresco granizado con tamarindo

Flor del tulipán africano

El tulipán africano

49 El hermoso tulipán africano fue introducido en Puerto Rico y las otras Antillas desde África tropical como árbol de sombra ornamental.

50 Alrededor del mundo tropical, durante tiempos de sequía, las reses y otros animales consumen los capullos aguachosos (húmedos) del tulipán africano. De esta manera evitan la deshidratación cuando sus bebederos están vacíos.

51 A pesar de sus muchas virtudes, el tulipán africano se conoce en algunas regiones de Puerto Rico como "dañafincas" porque se reproduce tan efectivamente que puede llegar a ser una plaga. Sin embargo, por ser uno de los primeros árboles en colonizar pastizales y tierras devastadas por maquinaria pesada, el tulipán africano ayuda a evitar la erosión hasta en las cuestas más inclinadas, conservando la tierra y la calidad de nuestras aguas. También brinda sombra a los retoños de los valiosos árboles nativos cuyos padres (árboles maduros) han sido eliminados por el desarrollo urbano.

Los árboles y nuestro entorno

52 El estudio de los árboles también nos enseña sobre la biodiversidad y nos ayuda a cuidar del medio ambiente. Desde luego, los árboles requieren tierra fértil y ecosistemas libres de contaminantes. A medida que vayamos conociendo los árboles, querremos aprender a preparar el terreno para luego sembrarlos y cuidarlos.

53 Recuerda que los árboles nos ayudan a conservar nuestros suelos y que estos forman el mismo cuerpo de nuestra Tierra. ¡Mientras más sanos sean nuestros suelos, más saludables seremos nosotros!

¿SABÍAS?

Las plantas de hojas verdes usamos la energía solar para oxigenar y alimentar el planeta. ¿Crees que los seres humanos podrían aprender un par de cosas de nosotras?

Conversación colaborativa

Vuelve a leer lo que escribiste en la página 258. Dile a un compañero dos cosas que aprendiste del texto. Luego trabaja en grupo y comenta las preguntas de abajo. Busca detalles y ejemplos en *12 árboles amigos* para explicar tus respuestas. Toma notas para responder las preguntas y úsalas cuando hables.

1 Vuelve a leer las páginas 260 y 261. ¿Por qué son importantes las plantas para las personas?

2 Repasa las páginas 268 y 269. ¿Qué árbol es más importante en el mundo: el cocotero, el guayabo o el higüero? ¿Por qué?

3 Según las autoras, ¿por qué es importante estudiar los árboles?

Sugerencia para escuchar

Demuestra a los demás que los escuchas y te interesa lo que dicen. Observa al que habla y sonríe o asiente con la cabeza cuando estás de acuerdo con una idea.

Sugerencia para hablar

Si alguien dice algo interesante o útil, dile a esa persona que te gusta su idea. También puedes decir por qué te gusta.

Escribir una escena breve

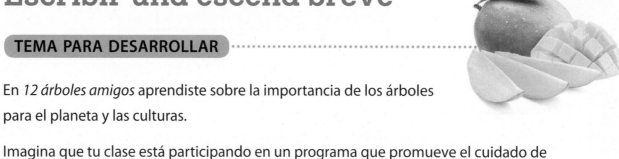

TEMA PARA DESARROLLAR ··

En *12 árboles amigos* aprendiste sobre la importancia de los árboles para el planeta y las culturas.

Imagina que tu clase está participando en un programa que promueve el cuidado de los árboles autóctonos en la escuela. Escribe una escena breve en la que los personajes comenten las características de los árboles y sus usos, y cómo y por qué hay que cuidarlos. Incluye datos y otros detalles del texto para apoyar tu idea principal sobre la importancia de los árboles. No olvides usar algunas de las palabras del Vocabulario crítico en el texto.

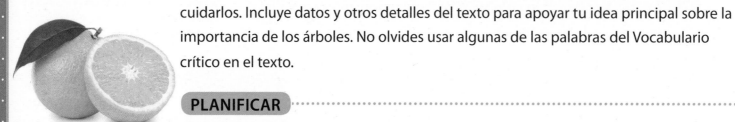

PLANIFICAR ··

Identifica algunos detalles clave del texto que incluirás en tu escena breve. Busca datos e ideas que puedas usar en tu escena breve para convencer a los demás de la importancia de conocer y cuidar los árboles.

ESCRIBIR

Ahora escribe tu escena breve para alentar a las personas a conocer y cuidar los árboles.

✔ Asegúrate de que tu escena breve

☐ incluye el nombre de los personajes.

☐ incluye direcciones de escena que explican el ambiente y cómo deben hablar los personajes.

☐ contiene diálogos que muestran lo que sucede y lo que piensan y sienten los personajes.

☐ incluye datos y otros detalles tomados del texto.

Observa y anota
Preguntas complicadas

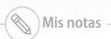

Prepárate para leer

ESTUDIO DEL GÉNERO Una **biografía** es la historia de una persona real escrita por otra persona.

- Los autores de biografías presentan los acontecimientos en orden secuencial, o cronológico. De esta manera, los lectores comprenden qué ocurrió en la vida de la persona y cuándo.
- Los autores de biografías usan lenguaje y mecanismos literarios para presentar los acontecimientos más importantes en la vida de una persona. *Las semillas del cambio* incluye detalles sensoriales y símiles.
- Las biografías incluyen pronombres de tercera persona, como *él, ella, su, suyo, suya, ellos* y *ellas*.

ESTABLECER UN PROPÓSITO **Piensa en** el título y el género de este texto. ¿Por qué crees que es conocido el sujeto de la biografía? ¿Qué te gustaría saber sobre esta persona? Escribe tus ideas abajo.

VOCABULARIO CRÍTICO

- ancestros
- remolinos
- corrientes
- se mofaron
- franca
- follaje
- vislumbrar

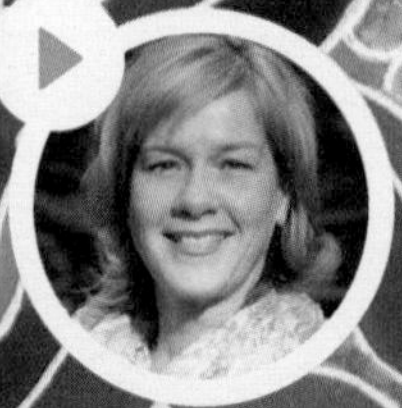

Conoce a la Illustrator: Sonia Lynn Sadler

LAS SEMILLAS DEL CAMBIO

por
Jen Cullerton Johnson

ilustrado por
Sonia Lynn Sadler

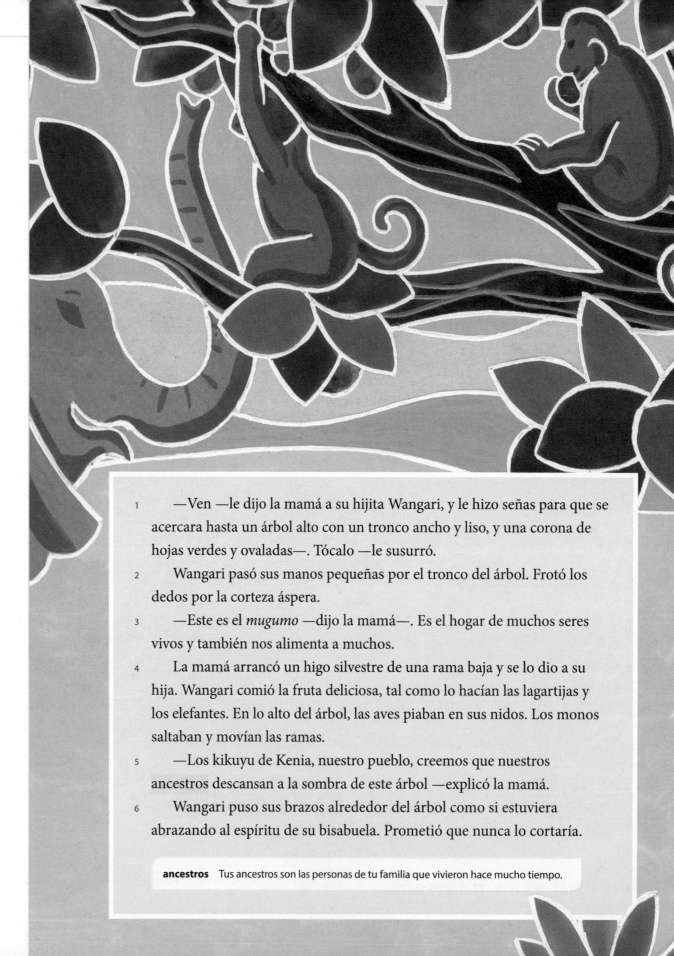

1   —Ven —le dijo la mamá a su hijita Wangari, y le hizo señas para que se acercara hasta un árbol alto con un tronco ancho y liso, y una corona de hojas verdes y ovaladas—. Tócalo —le susurró.

2   Wangari pasó sus manos pequeñas por el tronco del árbol. Frotó los dedos por la corteza áspera.

3   —Este es el *mugumo* —dijo la mamá—. Es el hogar de muchos seres vivos y también nos alimenta a muchos.

4   La mamá arrancó un higo silvestre de una rama baja y se lo dio a su hija. Wangari comió la fruta deliciosa, tal como lo hacían las lagartijas y los elefantes. En lo alto del árbol, las aves piaban en sus nidos. Los monos saltaban y movían las ramas.

5   —Los kikuyu de Kenia, nuestro pueblo, creemos que nuestros ancestros descansan a la sombra de este árbol —explicó la mamá.

6   Wangari puso sus brazos alrededor del árbol como si estuviera abrazando al espíritu de su bisabuela. Prometió que nunca lo cortaría.

ancestros Tus ancestros son las personas de tu familia que vivieron hace mucho tiempo.

7   Con los años, el mugumo creció, y Wangari también. Como era la hija mayor, debía hacer muchas tareas. Todos los días iba al río a buscar agua fresca y clara. En la temporada de lluvias, plantaba camotes, mijo y frijoles. En la temporada seca, cuando el sol brillaba fuerte, correteaba a las gallinas para llevarlas a la sombra.

8   A veces, cuando su hermano, Nderitu, volvía de la escuela, él y Wangari jugaban entre las plantas de arruruz junto al río, donde había miles de huevos. De los huevos salían renacuajos que, luego, se convertían en ranas. En esos momentos, Nderitu le contaba a Wangari lo que había aprendido en la escuela.

9   —Las plantas nos dan aire para que podamos respirar —decía—. Veinte dividido entre dos es diez. Hay siete grandes mares para navegar.

10   Wangari escuchaba quieta como un árbol, pero en su mente la curiosidad hacía remolinos, como las corrientes de un río. Aunque conocía a pocas niñas que sabían leer, Wangari soñaba con ir a la escuela y aprender como su hermano.

11   —Tengo que ir a la escuela —le dijo.

12   —Irás —le prometió su hermano.

13   Nderitu habló con sus padres.

14   —¿Por qué Wangari no va a la escuela? —preguntó.

---

remolinos   Si algo hace remolinos, se mueve rápidamente en círculos.
corrientes   Las corrientes son movimientos del agua en un lago, un río o un océano.

15   Los padres de Wangari sabían que ella era inteligente y muy trabajadora. Aunque no era común que una niña recibiera educación, decidieron enviarla a la escuela. Sabían que no los defraudaría. Después de un tiempo en que hicieron los arreglos del pago y consiguieron los útiles, la mamá de Wangari habló con ella.

16   —Irás a la escuela —le dijo.

17   Wangari abrazó a su mamá con una gran sonrisa.

18   —¡Gracias! —dijo—. Haré que se sientan orgullosos de mí.

19   Wangari recorría un largo camino para llegar a una escuela que tenía un solo salón de clases con paredes de barro, piso de tierra y techo de chapa. Con el tiempo, aprendió a copiar las letras y a trazar los números. Las letras pronto formaron palabras y las palabras formaron oraciones. Wangari aprendió a sumar, a restar, a dividir y a multiplicar los números. Descubrió que los animales y las plantas se parecían a los seres humanos de muchas maneras. Todos necesitaban aire, agua y alimento.

20   Cuando Wangari terminó la escuela primaria, tenía once años. Su mente era como una semilla que había echado raíces en suelo fértil y estaba lista para crecer. Wangari quería seguir estudiando, pero para eso debía irse de su aldea y mudarse a la ciudad capital de Nairobi. Wangari nunca había ido más allá de las montañas del valle. Estaba asustada.

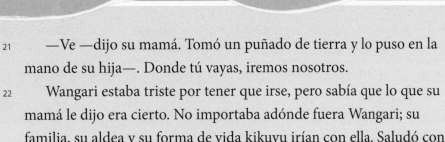

21   —Ve —dijo su mamá. Tomó un puñado de tierra y lo puso en la mano de su hija—. Donde tú vayas, iremos nosotros.

22   Wangari estaba triste por tener que irse, pero sabía que lo que su mamá le dijo era cierto. No importaba adónde fuera Wangari; su familia, su aldea y su forma de vida kikuyu irían con ella. Saludó con un beso a su familia y le dijo adiós al árbol mugumo, recordando su promesa de protegerlo siempre.

23   La nueva vida de Wangari en la ciudad la llenaba de asombro. En lugar de árboles, eran rascacielos los que se elevaban por encima de su cabeza. Las personas iban por las calles a toda velocidad, tal como el agua del río corre entre las piedras. En la escuela, Wangari vivía con otras niñas como ella: todas trataban de encontrar el hilo entre las costumbres de su aldea y las costumbres nuevas de la ciudad. Por la noche, cuando las niñas dormían, Wangari soñaba con su hogar y con los higos dulces del árbol mugumo. Sus sueños le recordaban que debía seguir su tradición kikuyu de respetar a todos los seres vivos.

24   Wangari era una estudiante excelente y su materia favorita eran las ciencias. Le encantaba, especialmente, estudiar a los seres vivos. Aprendió que el aire estaba formado por dos moléculas de oxígeno unidas. Los cuerpos estaban formados por células. Las hojas cambiaban de color por la fotosíntesis.

25   Cerca de la graduación, Wangari les contó a sus amigas que quería ser bióloga.

26   —No hay muchas mujeres nativas que sean científicas —le dijeron.

27   —Yo lo seré —respondió ella.

28   Para estudiar biología, Wangari debía viajar al otro lado del mundo, a Estados Unidos. Nunca había salido de Kenia y no tenía mucho dinero. Pero con la ayuda de sus maestros, ganó una beca para estudiar en una universidad en Kansas.

29   Estados Unidos era muy diferente de Kenia. En la universidad, muchas de las profesoras de ciencias de Wangari eran mujeres. De ellas aprendió que una mujer podía hacer cualquier cosa que quisiera, aunque nadie lo hubiera hecho antes. Mientras Wangari descubría cómo se movían las moléculas debajo de la lente del microscopio y cómo se dividían las células en las placas de Petri, también se convirtió en una científica con gran fortaleza.

30   Cuando se graduó de la universidad, Wangari viajó a Pensilvania para continuar sus estudios. Las cartas que le llegaban de su hogar le contaban sobre los cambios en Kenia. Habían elegido a un presidente kikuyu, Jomo Kenyatta. Orgullosa de su país y de ser kikuyu, Wangari decidió volver a su hogar en Kenia para ayudar a su pueblo.

31   Estados Unidos había cambiado a Wangari. Wangari había descubierto un espíritu de posibilidades y libertad que quería compartir con las mujeres de Kenia. Aceptó un trabajo como profesora en la Universidad de Nairobi. En ese momento, no había muchas profesoras mujeres y menos aún que enseñaran ciencias. Wangari abrió el camino para que las mujeres científicas fueran tratadas con el mismo respeto con el que se trataba a los hombres.

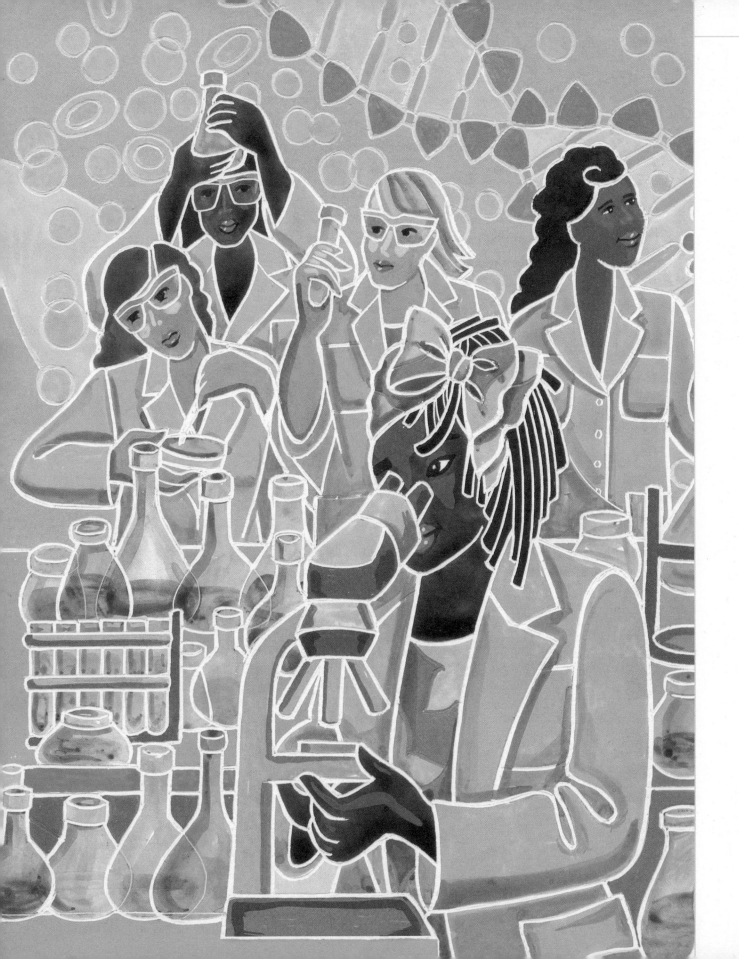

32   Wangari vio con tristeza cómo su gobierno vendía cada vez más tierras a grandes empresas extranjeras que talaban los bosques para quedarse con la madera y para limpiar las tierras para las plantaciones de café. Árboles nativos como el cedro y la acacia desaparecieron. Al no haber árboles, las aves no tenían lugar para hacer sus nidos. Los monos perdieron sus columpios. Las madres, cansadas, caminaban millas para conseguir leña.

33   Cuando Wangari visitó su aldea, vio que la costumbre kikuyu de no cortar los árboles mugumo se había perdido. Los ríos se llevaban el suelo porque ya no estaban las raíces de los árboles que mantenían la tierra en su lugar. El agua que antes se usaba para cultivar maíz, plátanos y camotes se había transformado en barro y se había secado. Muchas familias pasaban hambre.

34   Wangari no podía soportar ver cómo se estaba destruyendo la tierra. Ahora estaba casada y tenía tres niños, y se preocupaba por lo que les pasaría a todas las madres y los niños que dependían de la tierra.

35   —Debemos hacer algo —dijo Wangari.

36   Wangari tuvo una idea pequeña como una semilla, pero alta como un árbol que crece hacia el cielo.

37   —¡*Harabee!* ¡Trabajemos juntas! —les dijo a sus compatriotas mujeres, que eran madres como ella. Cavó profundo en el suelo. Tenía una planta pequeña a su lado—. Debemos plantar árboles.

38   Muchas mujeres la escucharon. Muchas plantaron árboles pequeños. Algunos hombres se rieron y se mofaron. Decían que plantar árboles era un trabajo para las mujeres. Otros se quejaron de que Wangari era demasiado franca, y que tenía demasiadas opiniones y demasiada educación para ser mujer.

39   Wangari no quería escuchar a los que la criticaban.

> **se mofaron**   Si unas personas se mofaron de otra, se burlaron de ella.
> **franca**   Una persona franca dice lo que piensa aunque los demás no estén de acuerdo.

40   En cambio, les dijo:

41   —Esos árboles que están cortando hoy no los plantaron ustedes sino personas que vivieron antes. Deben plantar árboles que beneficien a la comunidad que vendrá. Como una planta que tiene sol, buen suelo y lluvia abundante, las raíces de nuestro futuro se aferrarán a la tierra y un follaje de esperanza llegará hasta el cielo.

42   Wangari recorrió aldeas, pueblos y ciudades con pequeños árboles y semillas, con palas y azadas. En cada lugar al que iba, las mujeres plantaban hileras de árboles, como cinturones verdes que cruzaban la tierra. Por eso, se pusieron el nombre de Movimiento del Cinturón Verde.

43   —Quizá no cambiemos el mundo, pero podemos cambiar el paisaje del bosque —dijo Wangari.

44   Un árbol se convirtió en diez, diez en cien, cien en un millón, hasta llegar a los treinta millones de árboles plantados. Kenia volvió a ser verde. Las aves hicieron sus nidos en los árboles nuevos. Los higos silvestres volvieron a crecer en las ramas de los árboles mugumo.

follaje   El follaje es el conjunto de hojas de los árboles.

45   Las madres podían dar de comer a sus hijos todo el maíz, los plátanos y los camotes que quisieran.

46   *Wangari siguió luchando por su causa, plantando árboles y ayudando a las mujeres de las aldeas. Viajó a muchos lugares para transmitir su mensaje y enseñar a las personas a cuidar la tierra. Comenzaron a llamarla "Mama Miti", o "Madre de los árboles". En 2004, ganó el Premio Nobel de la Paz por su trabajo con el medio ambiente y su lucha por los derechos de las mujeres. Siguió plantando árboles hasta su muerte en 2011. Hoy hay personas en todo el mundo que la recuerdan y continúan su gran trabajo. Gracias a Wangari, los que siguen la obra que ella comenzó pueden vislumbrar un ambiente limpio y seguro para todos.*

vislumbrar   Si vislumbras algo, lo miras desde la distancia o lo imaginas en el futuro

Conversación colaborativa

Vuelve a leer lo que escribiste en la página 278. Dile a un compañero dos cosas que aprendiste del texto. Luego trabaja en grupo y comenta las preguntas de abajo. Busca detalles y ejemplos en *Las semillas del cambio* para apoyar tus respuestas. Toma notas para responder las preguntas y úsalas cuando hables.

1. Vuelve a leer la página 283. ¿En qué se diferencia la vida de Wangari de la de su hermano? ¿Cómo la ayudó el hermano?

2. Repasa la página 288. ¿Qué ideas nuevas aprende Wangari en los Estados Unidos?

3. ¿Qué problemas espera resolver Wangari plantando árboles?

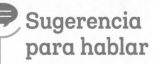

Sugerencia para escuchar

Espera tu turno para hablar. Mientras escuchas a alguien, anota las preguntas que quieras hacerle cuando termine.

Sugerencia para hablar

Cuando haces una sugerencia, sé amable. Por ejemplo, puedes decir: "Otra forma de verlo es…" o "Entiendo por qué dices eso, pero…".

Escribir un discurso

TEMA PARA DESARROLLAR

En *Las semillas del cambio*, leíste sobre la vida de la ambientalista y Premio Nobel de la Paz Wangari Maathai.

Imagina que te han invitado a hablar en una celebración por el Día de la Tierra para estudiantes más pequeños de tu escuela. Escribe un discurso para contarles sobre la vida de Wangari. Menciona algunos acontecimientos clave en el orden en que ocurren. No olvides usar algunas de las palabras del Vocabulario crítico en el texto.

PLANIFICAR

Identifica detalles clave del texto sobre Wangari Maathai. Escribe los acontecimientos en orden o escribe números junto a ellos para indicar el orden en que los mencionarás en tu discurso.

ESCRIBIR ∙∙∙

Ahora escribe tu discurso con los acontecimientos clave de la vida de Wangari.

✓ Asegúrate de que tu discurso

☐ presenta el tema.

☐ resume los acontecimientos principales de la vida de Wangari.

☐ relata los acontecimientos en el orden en que ocurrieron.

☐ incluye datos, detalles y ejemplos tomados del texto.

☐ termina con una oración de cierre que resume la información.

Pregunta esencial

¿Cómo podemos cuidar nuestro planeta?

Escribir un discurso

TEMA PARA DESARROLLAR Piensa en lo que aprendiste al leer *Luz se ilumina* y *12 árboles amigos* en este módulo.

Imagina que el consejo escolar de tu escuela está considerando cambios que podrían hacer para ayudar al medio ambiente. Te han pedido hablar en una reunión del consejo. Escribe un discurso para recomendar un cambio que debe hacer el consejo y explica cómo ayudaría ese cambio al medio ambiente. Apoya tu recomendación con evidencia tomada de los textos. No olvides usar algunas de las palabras del Vocabulario crítico en tu discurso.

El cambio que sugiero es _____.

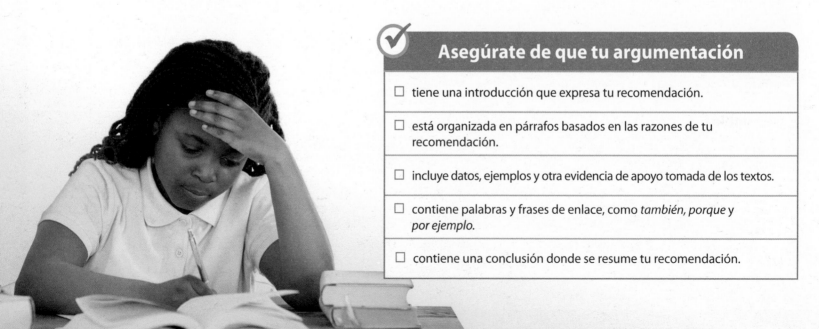

✔ Asegúrate de que tu argumentación

☐ tiene una introducción que expresa tu recomendación.

☐ está organizada en párrafos basados en las razones de tu recomendación.

☐ incluye datos, ejemplos y otra evidencia de apoyo tomada de los textos.

☐ contiene palabras y frases de enlace, como *también, porque* y *por ejemplo.*

☐ contiene una conclusión donde se resume tu recomendación.

PLANIFICAR ··· Reúne detalles.

¿Cuál es el cambio que presentarás? Vuelve a leer tus notas y los textos para buscar detalles que se refieran a posibles problemas y soluciones. Luego, decide qué problema te gustaría abordar y qué solución recomendarás.

Usa el organizador gráfico para planificar tu texto. Toma notas sobre el problema y un cambio o solución que desees presentar en tu discurso.

	Problema	Solución
Luz se ilumina		
12 árboles amigos		
Mi cambio		

HACER UN BORRADOR ·· Escribe tu discurso.

Escribe una **introducción** sólida que exprese con claridad el cambio que crees que debe implementar el consejo. Piensa en una manera interesante de captar la atención de tu audiencia de inmediato. Puedes comenzar haciendo una pregunta o dando un dato sorprendente que hará que tu audiencia sienta curiosidad y quiera escuchar más.

Para cada **párrafo central,** escribe una oración temática que exprese una razón para tu recomendación. Añade oraciones de apoyo que incluyan evidencia del texto y otros detalles tomados de tu tabla para apoyar cada una de tus ideas principales.

Escribe una **conclusión** que resuma tu punto de vista y vuelva a expresar tu recomendación de una forma en la que tu audiencia la recuerde.

En los pasos de revisión y edición puedes leer con atención el borrador y hacerle cambios. Con un compañero, decide si has explicado tus ideas con claridad a los lectores. Usa estas preguntas como ayuda para evaluar y mejorar tu artículo.

✓ PROPÓSITO/ ENFOQUE	ORGANIZACIÓN	EVIDENCIA	LENGUAJE/ VOCABULARIO	CONVENCIONES
☐ ¿He expresado mi recomendación con claridad? ☐ ¿No me desvié del tema?	☐ ¿Mi introducción atraerá la atención de la audiencia? ☐ ¿Cada párrafo trata de una idea principal? ☐ ¿Escribí una conclusión que resume mis puntos principales?	☐ ¿Usé datos, ejemplos y detalles tomados de ambos textos para apoyar mis ideas? ☐ ¿Todos los datos y detalles que decidí incluir están relacionados con el tema?	☐ ¿Usé palabras y frases de enlace para mostrar cómo se relacionan mis ideas? ☐ ¿Usé vocabulario relacionado con el tema?	☐ ¿Comencé todos los párrafos nuevos con sangría? ☐ ¿Usé correctamente las mayúsculas y los signos de puntuación?

PRESENTAR ·· Comparte tu trabajo.

Crear la versión final Pasa en limpio tu discurso y elabora la versión final. Considera estas opciones para compartir tu texto:

1 Publica tu discurso en el sitio web de tu clase o escuela, o envíalo a una revista de ciencias para estudiantes.

2 Lee tu discurso en voz alta en un grupo pequeño mientras debaten sobre el medio ambiente.

3 Imagina que tu clase es el consejo escolar. Di tu discurso ante ellos y usa elementos visuales, como diagramas e ilustraciones, para apoyar lo que dices.

Misión: Comunicación

"Escribe para ser comprendido, habla para ser escuchado, lee para crecer".

—Lawrence Clark Powell

? Pregunta esencial

¿Cuáles son las formas de comunicación?

Video de
Mentes curiosas

Palabras acerca de la comunicación

Las palabras de la tabla te ayudarán a hablar y escribir sobre las selecciones de este módulo. ¿Cuáles de las palabras acerca de la comunicación ya has visto antes? ¿Cuáles son nuevas para ti?

Completa la Red de vocabulario de la página 305. Escribe sinónimos, antónimos y palabras y frases relacionadas para cada palabra acerca de la comunicación.

Después de leer cada selección del módulo, vuelve a la Red de vocabulario y añade más palabras. Si es necesario, dibuja más recuadros.

PALABRA	SIGNIFICADO	ORACIÓN DE CONTEXTO
transmisión (sustantivo)	Cuando una estación de radio hace una transmisión, envía las noticias, música, etc. a su público.	Roberto escuchó el concierto en una transmisión de radio.
publicación (sustantivo)	Una publicación es algo que se ha impreso en papel y puesto a la venta.	Mi publicación favorita trae cuentos de autores locales.
blog (sustantivo)	Si haces un blog, escribes regularmente entradas, o artículos, de tono informal en un sitio web.	Los estudiantes crearon un blog sobre cómo cuidar un huerto comunitario.
correspondencia (sustantivo)	Cuando dos personas intercambian correspondencia, se envían cartas o correos electrónicos entre ellos.	Cuando era joven, mi abuela escribía correspondencia a sus amigos que vivían lejos.

transmisión

publicación

Palabras acerca de la comunicación

blog

correspondencia

Comunicación

Avances en la comunicación a lo largo de la historia

Lectura breve

Cómo la tecnología cambió la comunicación

comun unication

Línea de tiempo de la tecnología de las comunicaciones

Esta línea de tiempo muestra cuándo comenzaron a usarse diferentes aparatos de comunicación en los Estados Unidos.

maquinas

pasado

El **telégrafo** enviaba mensajes a larga distancia a través de cables. Los operadores de telégrafo enviaban los mensajes dando golpecitos en código Morse, un sistema de puntos y rayas que reemplazan las letras.

1850

Se ha dicho que el **teléfono** fue el invento más importante del siglo XIX. ¡Ya no era necesario estar en un mismo cuarto para hablar con otra persona!

1870

Cuando se inventó la **televisión**, las personas podían ver los acontecimientos en el mismo momento en que ocurrían. Se reunían para ser testigos de momentos importantes de la historia.

1950

1860

Antes de la **máquina de escribir**, las personas escribían cartas y otros documentos a mano. La máquina de escribir hizo que fuera más rápido escribir un libro u otras publicaciones extensas.

1920

En la década de 1920, todos querían tener una **radio** en su sala de estar. Las familias se reunían alrededor para escuchar la transmisión de las noticias o de programas de entretenimiento.

1 Imagina que es 1866, y tu familia acaba de llegar a Houston, Texas, después de un largo viaje en barco. Tu abuela, que vive en la Ciudad de Nueva York, está ansiosa por saber de ti. Así que tomas un papel, una pluma y tinta. Hundes la punta de la pluma en la tinta y escribes una carta a mano. La llevas a la oficina de correos. Viajará en un barco que zarpará hacia la Ciudad de Nueva York al final de la semana. ¡Tu carta le llegará a tu abuela 2,300 millas y semanas después!

2 Volvamos al presente. Tu familia acaba de llegar a Houston. Pides prestado el teléfono celular a tu mamá y le envías un mensaje de texto que dice "¡Llegamos!" a tu abuela en la Ciudad de Nueva York, junto con una foto de los edificios de Houston. Ella recibe el mensaje casi al instante y responde: "¡Que se diviertan! ¡Nos vemos la semana que viene!".

Las **computadoras personales** cambiaron la forma en que trabajaban las personas al permitirles almacenar y compartir información a través de redes de computadoras.

1970

Cuando apareció la **World Wide Web,** fue como una biblioteca gigante de información electrónica. Después creció y pasó a incluir tiendas, videos de gatos y todo lo que se pueda imaginar.

1990

Las personas usan las **redes sociales** para conectarse y comunicarse. A través de blogs, sitios web y aplicaciones, comparten fotos e información sobre su vida.

2010

1980

Los primeros **teléfonos móviles** permitieron que las personas hablaran desde cualquier lugar. A partir de la década de 1990, los teléfonos móviles, ahora llamados celulares, permitieron además enviar mensajes de texto.

El **correo electrónico** es una herramienta para enviar documentos y fotos de una computadora a otra. Es una forma rápida y fácil de enviar correspondencia a otras personas de todo el mundo.

2000

Los **teléfonos inteligentes** son mini computadoras que permiten a sus usuarios enviar correos electrónicos, buscar información, comprar cosas, escuchar música, tomar fotos, grabar videos y, bueno, hacer llamadas.

Prepárate para leer

ESTUDIO DEL GÉNERO ▶ Los **textos informativos** brindan datos y
ejemplos sobre un tema.

- Los autores de textos informativos pueden presentar sus
  ideas en orden secuencial, o cronológico. De esta manera, los
  lectores comprenden qué ocurrió y cuándo.

- Los textos informativos incluyen elementos visuales, como
  tablas, diagramas, gráficos, líneas de tiempo y mapas. *La historia
  de las comunicaciones* incluye ilustraciones y diagramas que
  muestran cómo funcionan o se conectan distintos aparatos.

- Los textos de estudios sociales también incluyen palabras que
  son específicas del tema. Estas palabras nombran cosas o ideas.

ESTABLECER UN PROPÓSITO ▶ **Piensa en** el título y
el género de este texto. ¿Qué sabes acerca de la
historia de las comunicaciones? ¿Qué te gustaría
saber? Escribe tus ideas abajo.

**Desarrollar el contexto:
Las comunicaciones hoy**

**VOCABULARIO
CRÍTICO**

considerablemente

acceder

patente

apogeo

transmitieron

hallazgo

plantearon

influir

La *historia de las comunicaciones*

ilustrado por Danny Schlitz

¿Qué es la comunicación?

1 La comunicación es el acto de compartir ideas e información. Podemos compartir información usando palabras escritas o habladas, mostrando o mirando imágenes, y haciendo o escuchando sonidos. También podemos comunicarnos con gestos y expresiones faciales.

2 A lo largo del tiempo, la humanidad ha desarrollado diferentes maneras de compartir información con muchas personas a la vez. Algunos medios de comunicación masiva son los libros, las revistas, los periódicos, la televisión, la radio y, más recientemente, internet. También podemos comunicarnos por medio de grabaciones, películas y carteles. Todos estos medios permiten a los habitantes de todo el mundo comunicarse entre sí.

La **imprenta**

3 Entre 1300 y 1600, un movimiento cultural llamado Renacimiento se expandió por toda Europa. El Renacimiento fue un período de grandes avances para la educación y el arte, y generó una gran demanda de libros. El copiar los libros a mano y la xilografía, o grabado en planchas, ya no alcanzaban para satisfacer esa demanda.

4 Hacia 1440, un inventor alemán llamado Johannes Gutenberg desarrolló una imprenta que usaba tipos móviles.

Gutenberg hizo piezas metálicas con cada letra del abecedario. Las piezas se ponían en un marco para formar las páginas y se les aplicaba tinta. La máquina presionaba los tipos pintados con tinta contra el papel, y así quedaban impresas las palabras.

Este grabado inglés muestra una imprenta a vapor de 1826.

Johannes Gutenberg

Los periódicos se imprimen de a miles, como estas copias del Houston Chronicle.

5   La imprenta de Gutenberg podía imprimir unas 300 copias por día. En 1500, ya había más de 1,000 imprentas en Europa y millones de libros impresos.

6   La imprenta pronto se convirtió en un importante medio de comunicación. La producción de textos religiosos aumentó considerablemente. Además, comenzaron a circular copias impresas con debates sobre problemas sociales, creencias religiosas y asuntos de gobierno.

7   Antes del siglo XIX, la imprenta casi no sufrió cambios. En 1811, un alemán llamado Fiedrich König inventó una imprenta a vapor que podía imprimir 1,100 páginas por hora. En 1846, el estadounidense Richard Hoe inventó una imprenta que usaba cilindros rotativos (unos rollos gigantes que giraban) para imprimir unas 8,000 hojas por hora. Luego aparecieron otros modelos que lograron imprimir 20,000 hojas por hora.

8   La imprenta es uno de los inventos más importantes de la historia. Permitió a millones de personas acceder a la información por medio de libros, periódicos, revistas y otros formatos de impresión.

---

considerablemente   Si algo cambia considerablemente, el cambio es grande o importante.

acceder   Si puedes acceder a algo, significa que eso está disponible o a tu alcance.

El **telégrafo**

9 Amediados del siglo XIX, se podía compartir la información a través de libros, periódicos y otros textos escritos. Sin embargo, aún no existía ninguna forma de comunicarse rápidamente con las personas que estaban lejos. Eso cambió con la invención del telégrafo eléctrico, que enviaba mensajes a través de los cables de electricidad.

10 En 1820, un científico danés llamado Hans Christian Oersted descubrió que la corriente eléctrica podía mover una aguja imantada. Este descubrimiento llevó a la invención del telégrafo. El telégrafo era un aparato que permitía a un operador variar el flujo de la corriente eléctrica para enviar un mensaje a través de un cable. Otro aparato ubicado al final del cable recibía los cambios en la cantidad de electricidad y convertía esas señales en una serie de golpecitos. Un operador decodificaba esos golpecitos para formar palabras, o telegramas.

11 Muchos inventores crearon aparatos telegráficos al principio, pero el primer telégrafo de uso práctico se atribuye al pintor e inventor estadounidense Samuel F. B. Morse, que lo creó en 1837. Morse obtuvo la patente estadounidense de su aparato en 1840. Sin embargo, su trabajo se basó en muchos años de experimentos e investigaciones que hicieron otras personas antes que él.

> **patente** Si tienes la patente de un invento, eres la única persona que puede fabricarlo o venderlo.

12   El telégrafo se convirtió en una herramienta importante para enviar información rápidamente a otros lugares. Los periodistas usaban el telégrafo para enviar sus artículos a los periódicos. Los ejércitos de ambos bandos de la Guerra Civil estadounidense (1861–1865) también utilizaron mucho este invento. En los Estados Unidos, el uso del telégrafo llegó a su apogeo en 1929, año en que se transmitieron más de 200 millones de telegramas.

apogeo   El apogeo de algo es su momento de mayor popularidad o alcance.

transmitieron   Si las personas transmitieron algo, lo enviaron de manera electrónica de un lugar a otro.

Samuel F. B. Morse
Samuel F. B. Morse nació el 27 de abril de 1791 en Massachusetts. En 1840 obtuvo la patente del primer telégrafo eléctrico que funcionó con éxito en los Estados Unidos. También inventó el código Morse, un sistema para enviar mensajes combinando sonidos cortos y largos.

El **teléfono**

13 Durante casi todo el siglo XIX, no había forma de que dos personas que estuvieran en lugares distintos hablaran entre sí. Había que comunicarse únicamente por cartas o telegramas. Pero en la década de 1870, un inventor de origen escocés llamado Alexander Graham Bell descubrió una forma de hacer que la voz recorriera grandes distancias.

14 En 1871, Bell llegó a Boston, en Massachusetts, para trabajar como maestro de personas sordas. De noche, realizaba experimentos para mejorar el telégrafo. Quería crear un telégrafo que pudiera enviar muchos telegramas al mismo tiempo por un solo cable.

15 El 2 de junio de 1875, durante uno de esos experimentos, Bell hizo un gran hallazgo. Un alambrecito del aparato se atascó y su ayudante, Thomas Watson, tiró de él para aflojarlo. En ese momento, Bell, que estaba en otra habitación, escuchó un sonido en su receptor.

hallazgo   Un hallazgo es un descubrimiento.

El teléfono de Bell según las ilustraciones de un periódico inglés de 1877.

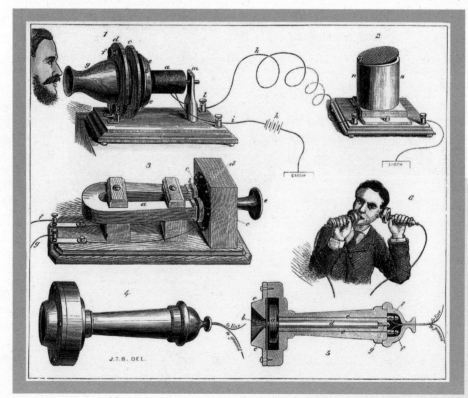

Bell se dio cuenta de que el alambre flojo, al vibrar, había modificado la corriente eléctrica que pasaba por el cable. Esos cambios se reproducían en el receptor, al otro lado del cable.

16   A partir de este descubrimiento, Bell siguió haciendo experimentos y obtuvo la patente del primer teléfono el 7 de marzo de 1876. Tres días después, transmitió por primera vez la voz humana por un teléfono. En 1877, se fundó la compañía Bell Telephone Company. 10 años después, más de 150,000 personas ya tenían teléfono en los Estados Unidos.

17   Hoy la mayoría de las personas están acostumbradas a usar el teléfono. Con una red mundial de cableado telefónico, es fácil llamar a alguien que está en otro lugar del mundo.

Alexander Graham Bell

Alexander Graham Bell (1847–1922) nació en Edimburgo, Escocia. Su madre era pintora y su padre enseñaba a hablar a personas sordas. Bell también fue maestro de personas sordas, pero pasó a la historia como el inventor del teléfono.

Bell y su asistente, Thomas Watson, ayudaron a iniciar el servicio telefónico en los Estados Unidos. En 1877, Bell se casó con Mabel Hubbard, una de sus estudiantes, y juntos llevaron su invento a Inglaterra. Pero Bell no se quedó en el negocio de la telefonía. Prefirió seguir ayudando a las personas sordas y desarrollar otros inventos. En 1882, se convirtió en ciudadano estadounidense.

La **radio**

18 El telégrafo y el teléfono permitían a personas que estaban en lugares diferentes comunicarse entre sí, pero solo si esos lugares estaban conectados mediante cables. Eso comenzó a cambiar a fines del siglo XIX, cuando los científicos descubrieron cómo enviar señales de radio por el aire. A partir de la invención de la radio, las personas pudieron comunicarse rápidamente entre dos puntos ubicados en la tierra, el mar y, más tarde, el cielo y el espacio.

19 La radio empezó a desarrollarse en la década de 1830, a partir de la idea que plantearon el profesor estadounidense Joseph Henry y el científico británico Michael Faraday en forma separada. Tanto Henry como Faraday afirmaban que la corriente eléctrica de un cable podía producir una corriente eléctrica en otro cable aunque los cables no estuvieran conectados.

20 Aunque muchos contribuyeron a la creación de la radio, fue Nikola Tesla, un estadounidense de origen austro-húngaro, quien la inventó formalmente. En 1891, inventó la bobina de Tesla, un componente (parte) fundamental de los transmisores de radio.

21 En 1895, un inventor italiano llamado Guglielmo Marconi envió un código telegráfico a través de ondas de radio por aire a más de una milla de distancia. En 1901, el aparato de Marconi transmitió señales a través del océano Atlántico, de Inglaterra a Canadá. En 1906, un científico canadiense llamado Reginald Fessenden transmitió la voz por radio por primera vez.

Guglielmo Marconi posa con su aparato de radio inalámbrico en 1896.

> **plantearon** Si las personas plantearon una idea, la presentaron a los demás.

22 Los programas de radio comenzaron a transmitirse a gran escala en la década de 1920. Las familias se reunían en la sala para escuchar comedias, aventuras y dramas, música en vivo y espectáculos de variedades, entre otros programas.

Las familias se reunían alrededor de la radio para escuchar programas de noticias, deportes y entretenimiento.

Nikola Tesla

Nikola Tesla (1856–1943) nació en una región del Imperio austro-húngaro que hoy es parte de Croacia. En 1884, Tesla dejó Europa y se fue a los Estados Unidos. Trabajó para el inventor Thomas Edison pero renunció un año después.

Tesla fue un pionero de la tecnología de la electricidad. Obtuvo más de 100 patentes por diversos inventos. La bobina de Tesla todavía se usa para las transmisiones de radio y televisión. Otros logros de Tesla incluyen innovaciones como los rayos X, el radar, las luces de neón y fluorescentes, y adelantos en el diseño aeronáutico.

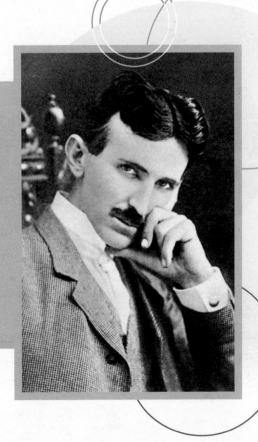

La televisión

23 A comienzos del siglo xx, cuando los operadores comenzaron a transmitir las primeras palabras por radio, muchos científicos empezaron a experimentar con la transmisión de imágenes. Con el tiempo, esos experimentos llevaron a la creación de la televisión, un sistema de comunicación muy popular que se usa a diario en casi todos los rincones del planeta.

24 Muchos científicos contribuyeron a inventar la televisión. Uno de ellos fue Philo Farnsworth, un científico estadounidense que creó un sistema de escaneo electrónico en 1922. Su descubrimiento fue importantísimo para la tecnología de la televisión.

EN DETALLE

Distintas formas en las que la señal de televisión llega a los hogares

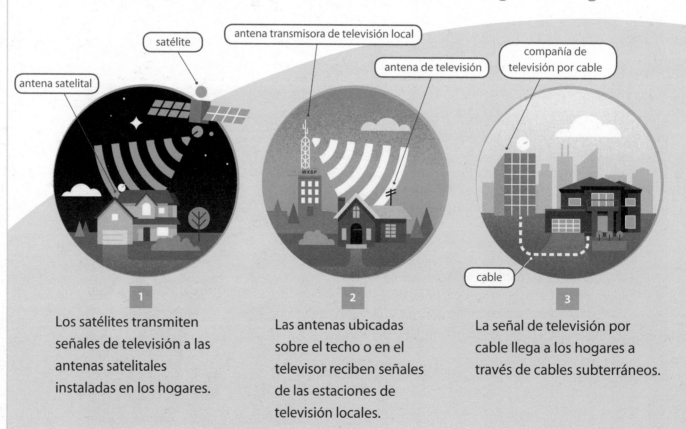

1 Los satélites transmiten señales de televisión a las antenas satelitales instaladas en los hogares.

2 Las antenas ubicadas sobre el techo o en el televisor reciben señales de las estaciones de televisión locales.

3 La señal de televisión por cable llega a los hogares a través de cables subterráneos.

25   La televisión funciona así: Las imágenes y los sonidos se transforman en señales electrónicas que se envían a través del aire. El televisor capta esas señales y las vuelve a convertir en imágenes y sonidos.

26   A medida que cada vez más familias tenían televisores, la programación televisiva comenzó a influir en las actitudes y creencias de las personas. Por ejemplo, cuando los espectadores miran programas de televisión, ven las últimas tendencias de la moda y escuchan las opiniones de personas con diferentes orígenes y creencias. La publicidad los invita a comprar determinados productos. La televisión también tiene un papel importante en la forma en que las personas se informan sobre su gobierno y eligen a sus líderes.

influir   Si influyes en las personas, usas tu poder o capacidad para cambiar su manera de pensar.

Señal de microondas

Satélite de comunicaciones

Señal de microondas

Los satélites de comunicaciones reenvían mensajes mientras orbitan la Tierra.

Torre de microondas

Torre de microondas

El **satélite**

27   Un satélite de comunicaciones es un tipo de satélite que recibe señales de radio, televisión y otros tipos de señales en el espacio y las transmite (envía) de nuevo a la tierra.

28   Curiosamente, se considera que el satélite de comunicaciones fue inventado por un escritor de ciencia ficción llamado Arthur C. Clarke. En un artículo publicado en 1945, Clarke describió un satélite en órbita que podía servir de estación para transmitir señales desde el cielo. Esa idea resultó ser uno de los mayores avances de la comunicación moderna.

29   Como el satélite está a una gran distancia de la Tierra, puede dirigir ondas de radio a cualquier lugar ubicado dentro de una zona muy amplia. Sin los satélites, la mayoría de las ondas de radio no llegarían más allá del horizonte (la línea curva que se ve a la distancia, donde el cielo y la tierra parecen unirse). Los satélites pueden enviar mensajes a muchos lugares a la vez, y brindan un servicio inmediato cuando se necesitan enlaces de radio rápidos.

30   Las primeras comunicaciones vía satélite se usaron para hacer llamadas telefónicas de larga distancia. Hoy los satélites siguen teniendo esa misma función, brindando un servicio en lugares donde es difícil instalar cables telefónicos. Los satélites también envían señales telefónicas de un lado al otro del océano y a lugares remotos.

La tripulación de un barco, por ejemplo, puede hablar con personas que estén en cualquier parte del mundo gracias a los teléfonos móviles satelitales.

31   Hoy las comunicaciones vía satélite también tienen un papel importante en las transmisiones televisivas.

Los satélites transmiten programas a compañías locales de televisión por cable o directamente a los hogares. Los clientes de televisión satelital usan antenas con forma de disco para captar cientos de canales de televisión.

Estas enormes antenas vía satélite envían señales al espacio y también reciben señales desde el espacio.

Internet

32 Las computadoras comenzaron a usarse con fines prácticos a mediados del siglo xx. Sin embargo, durante muchos años, no fue posible conectar las computadoras entre sí para que compartieran información. En la segunda mitad del siglo xx, la creación de internet fue uno de los hitos (acontecimientos) más importantes de la historia de las comunicaciones.

33 En la década de 1960, el Departamento de Defensa de los Estados Unidos desarrolló una red (un sistema interconectado) de computadoras militares y gubernamentales. La red había sido creada para proteger la información de esas computadoras en caso de guerra o desastre natural. Pronto, las universidades, las empresas y otras organizaciones desarrollaron sus propias redes. Con el tiempo, esas redes se unieron a la red del gobierno para formar *internet*. La palabra internet significa "red de redes".

34   Internet comenzó a utilizarse más masivamente en 1991. Ese año, un científico informático británico llamado Tim Berners-Lee desarrolló la *World Wide Web* (Red Mundial de internet). La Web está formada por direcciones electrónicas llamadas sitios web, que contienen páginas web con información. Las personas pueden usar la Web para acceder a una enorme cantidad de documentos, ilustraciones, sonidos y películas de todo tipo. En cierto modo, la Web se parece a una gran biblioteca de información interconectada. Con la ayuda de unos programas llamados buscadores, las personas pueden explorar toda esa cantidad de información y encontrar lo que buscan.

Las computadoras pueden conectarse a internet por medio de cables de alta velocidad, torres celulares y satélites.

35   Internet permite a los usuarios de las computadoras y de otros aparatos similares enviar y recibir mensajes electrónicos. Muchas personas también usan la mensajería instantánea (IM, por sus siglas en inglés). Con esta herramienta, dos personas se comunican con mensajes de texto y ambas pueden verlos mientras los escriben. También es posible ver a otras personas y hablar a través de micrófonos y cámaras conectados a internet.

36   Las nuevas tecnologías siguen cambiando la forma en que usamos internet. Las computadoras de mano, los teléfonos celulares y las tabletas nos permiten conectarnos a internet desde casi cualquier lugar.

La **historia de las comunicaciones**
Ilustrado por Danny Schlitz

Conversación colaborativa

Vuelve a leer lo que escribiste en la página 310. Dile a un compañero dos cosas que aprendiste del texto. Luego trabaja en grupo y comenta las preguntas de abajo. Busca detalles y ejemplos en *La historia de las comunicaciones* para explicar tus respuestas. Toma notas para responder las preguntas y úsalas cuando hables. Reconoce cuando otra persona apoya tus ideas y cuando los comentarios de los demás te hacen cambiar de opinión.

1 Vuelve a leer las páginas 312 y 313. ¿Qué te indica el crecimiento del negocio de la imprenta acerca de los intereses que tenían las personas de esa época?

Sugerencia para escuchar

Escucha con atención mientras esperas tu turno para hablar. Piensa en las preguntas que podrías hacer para comprender lo que ha dicho un compañero.

2 Repasa las páginas 318 y 319. ¿Por qué la radio era mejor que el teléfono y el telégrafo?

Sugerencia para hablar

Asegúrate de que tus ideas estén relacionadas con la pregunta que está comentando el grupo. Reserva las ideas sobre otros temas para otra ocasión.

3 ¿Qué inventos se basan en un invento anterior?

Escribir un anuncio

TEMA PARA DESARROLLAR

En *La historia de las comunicaciones*, aprendiste sobre inventos que son parte de nuestra vida diaria en la actualidad. En un momento, esos inventos parecían extraños e incluso daban miedo.

Imagina que trabajas para una agencia de publicidad. Elige uno de los inventos de *La historia de las comunicaciones* y crea un anuncio para explicar el nuevo invento. El público estará compuesto por las personas que usarán el invento. Usa detalles tomados del texto para mostrar por qué las personas deberían probarlo. Incluye un diagrama o un dibujo para mostrar tus ideas. No olvides usar algunas de las palabras del Vocabulario crítico en el texto.

PLANIFICAR

Toma notas sobre detalles importantes del invento que elegiste. Luego explica por qué el invento es útil.

Ahora escribe tu anuncio para presentar el invento.

La **historia de las comunicaciones**
Ilustrado por Danny Schlitz

Asegúrate de que tu anuncio

☐	presenta el tema con claridad.
☐	contiene datos y detalles tomados del texto que muestran para qué está diseñado el invento.
☐	contiene vocabulario y lenguaje precisos.
☐	incluye definiciones o explicaciones claras del vocabulario nuevo o los términos técnicos.
☐	incluye un diagrama, un dibujo u otro elemento visual que ayude a los lectores a comprender mejor el invento.

Observa
y anota
3 preguntas
importantes

Prepárate para leer

ESTUDIO DEL GÉNERO La **narración de no ficción** cuenta una historia real para brindar información basada en hechos.

- Los autores de narración de no ficción pueden organizar sus ideas con encabezados y subtítulos, que indican a los lectores de qué tratará la sección siguiente.

- Los textos sobre acontecimientos del pasado tratan sobre personas reales y pueden contar cómo esas personas se sintieron con los acontecimientos.

- Los autores de narración de no ficción pueden presentar sus ideas en orden secuencial, o cronológico. De esta manera, los lectores comprenden qué ocurrió y cuándo.

ESTABLECER UN PROPÓSITO **Piensa en** el título y el género de este texto. ¿Qué sabes acerca de cómo se comunican las personas sordas? ¿Qué te gustaría saber? Escribe tus ideas abajo.

Desarrollar el contexto:
Lenguaje de signos

VOCABULARIO CRÍTICO

ocultaba

gestos

lingüistas

instinto

Un nuevo lenguaje-

¡Inventado por los niños!

por Charnan Simon

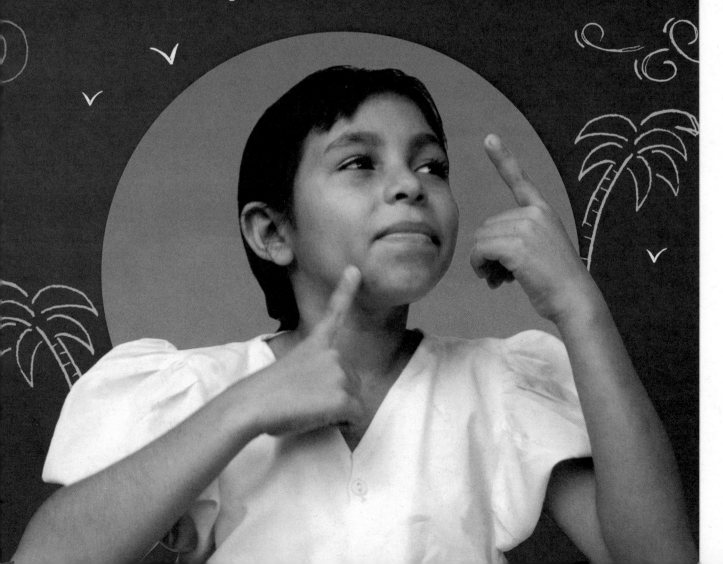

1 Parece un cuento de hadas. Había una vez, en un país muy lejano, unos niños que no podían oír ni hablar.

2 Sus vidas eran solitarias, incluso dentro de sus cariñosas familias. Pero un día ocurrió algo fantástico. Los niños silenciosos, como se los conocía, fueron a una escuela nueva. Allí, comenzaron a hacer señas con las manos. Y las manos volaron cada vez más rápido.

3 Atónitos, los adultos observaban cómo nacía un lenguaje.

Los niños silenciosos

4 La mejor parte de este cuento de hadas es que pasó de verdad. Durante muchos años, en Nicaragua, un país de Latinoamérica, se ocultaba a los niños sordos. No se les enseñaba a usar ningún lenguaje de señas, leer los labios, ni escribir. Eran verdaderos niños sin lenguaje.

5 Así fue como, en 1979, el gobierno nicaragüense creó dos escuelas para ellos. Cuando los niños llegaron, no podían entender a sus maestros.

6 En cambio, los niños comenzaron a "hablar" entre ellos usando las manos. Al principio, solo se comunicaban con algunos gestos simples. Pero pronto inventaron más y más señas, hasta que tuvieron su propio lenguaje de señas.

> **ocultaba** Si alguien ocultaba algo, lo escondía.
>
> **gestos** Si haces gestos, haces movimientos con las manos o los brazos para transmitir un mensaje.

Con nuestras propias palabras

6 Las primeras señas eran muy básicas, como el lenguaje de un bebé. Pero a medida que fueron llegando nuevos estudiantes a la escuela, los niños más pequeños aprendían de los más grandes e inventaban gestos nuevos. El lenguaje se enriqueció y se hizo más complejo. En lugar de hablar como niños de dos años y decir, por ejemplo, "yo jugar", los niños que sabían más señas podían hablar con fluidez: "Está bien, con Eduardo y Julia ya somos suficientes para un partido de fútbol. Si nos damos prisa, podremos jugar antes de que empiece la clase".

7 ¿Te imaginas la cantidad de señas que hay que inventar para decir todo eso?

8 Los lingüistas de todo el mundo estaban entusiasmados por lo que habían hecho esos niños nicaragüenses. Parecía que los niños habían demostrado que los seres humanos tenemos un instinto natural para el lenguaje. Pero, si no se usa, el instinto se debilita y termina perdiéndose. Para la mayoría de nosotros, el solo hecho de crecer entre personas que hablan es suficiente para activar el aprendizaje del lenguaje. Para los niños sordos nicaragüenses, tal vez el aprendizaje se activó cuando conocieron a otros niños que hablaban con señas y querían hacer amigos.

9 En la actualidad, el Idioma de Señas de Nicaragua está reconocido oficialmente como un idioma. No se parece a ningún otro lenguaje de señas del mundo, y fue totalmente creado por niños sordos.

Ese sí que es un final feliz.

lingüistas Los lingüistas son personas que estudian las lenguas y cómo están formadas.

instinto Un instinto es algo que sabes hacer naturalmente, sin que te tengan que enseñar.

*E*n la Escuelita de Bluefields, en Nicaragua, los estudiantes sordos se comunican con sus maestros con un lenguaje de señas inventado por niños nicaragüenses. En la clase y en el patio de juegos, los estudiantes usan el Idioma de Señas de Nicaragua para comunicar noticias e ideas. En el pizarrón se ve una lección de geografía en signoescritura. La signoescritura es un alfabeto que se usa en todo el mundo para escribir los distintos lenguajes de señas.

Conversación colaborativa

Vuelve a leer lo que escribiste en la página 330. Dile a un compañero dos cosas que aprendiste del texto. Luego trabaja en grupo y comenta las preguntas de abajo. Busca detalles y ejemplos en *Un nuevo lenguaje ¡inventado por los niños!* para apoyar tus ideas. Toma notas para responder las preguntas y úsalas cuando hables.

1 Vuelve a leer la página 332. ¿Por qué dice la autora que los niños nicaragüenses sordos eran "niños sin lenguaje"?

2 Repasa la página 333. ¿Qué hicieron los niños para inventar un nuevo lenguaje?

3 ¿De qué manera la invención de este nuevo lenguaje les cambió la vida a los estudiantes?

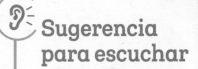

Sugerencia para escuchar

Escucha con atención lo que dicen los demás. Espera a que la otra persona termine de hablar para aportar tus ideas.

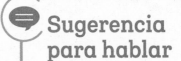

Sugerencia para hablar

¡No acapares la conversación! Si ya comentaste una idea, espera a que hable alguien más antes de volver a hablar tú.

Escribir un resumen

TEMA PARA DESARROLLAR

En *Un nuevo lenguaje ¡inventado por los niños!* leíste sobre cómo un grupo de niños que no podían hablar ni escuchar encontraron una manera de comunicarse. Aprendiste cómo se desarrolló su lenguaje y se volvió más complejo con el tiempo.

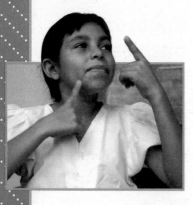

Imagina que tu clase está recopilando textos para un libro llamado *Niños asombrosos* para estudiantes de primer grado. Te han pedido que escribas un texto sobre un nuevo lenguaje para incluir en el libro. Escribe un resumen para que un niño más pequeño pueda comprender cuáles son las ideas principales y por qué los niños del artículo son asombrosos. No olvides usar algunas de las palabras del Vocabulario crítico en el texto.

PLANIFICAR

Toma notas sobre los detalles importantes del texto. Luego, explica por qué los niños de este artículo son asombrosos.

Ahora escribe tu resumen de *Un nuevo lenguaje ¡inventado por los niños!*

Asegúrate de que tu resumen

- ☐ presenta el tema con claridad.

- ☐ agrupa las ideas relacionadas.

- ☐ contiene datos y detalles del texto que muestran por qué estos niños son extraordinarios.

- ☐ contiene lenguaje y vocabulario precisos.

- ☐ incluye definiciones o explicaciones claras del vocabulario nuevo o los términos científicos.

- ☐ termina con una oración de cierre que resume la información.

Prepárate para ver un video

ESTUDIO DEL GÉNERO Los **videos informativos** presentan datos e información sobre un tema con elementos visuales y audio.

- Un narrador explica lo que está sucediendo en la pantalla.
- Los videos de ciencias pueden incluir escenas de animales en la naturaleza para ilustrar el tema.
- Los productores de videos pueden incluir efectos de sonido o música de fondo a fin de que el video sea más interesante para los espectadores.

ESTABLECER UN PROPÓSITO Mientras miras, presta atención a las formas en las que se comunican los delfines para trabajar en equipo. ¿Qué quieres saber sobre cómo se comunican entre ellos? Escribe tus ideas abajo.

VOCABULARIO CRÍTICO

práctico

operación

inmaculado

**Desarrollar el contexto:
La comunicación animal**

La cena de los delfines

Mientras miras *La cena de los delfines,* piensa en el propósito principal del narrador. ¿Cómo presenta el narrador la forma en la que se comunican los delfines entre ellos? ¿De qué manera los elementos visuales apoyan esa información? ¿Los elementos visuales y la música hacen que el video sea más interesante? ¿Por qué? Toma notas en el espacio de abajo.

Presta atención a las palabras de Vocabulario crítico *práctico, operación* e *inmaculado.* Busca pistas para descubrir el significado de cada palabra. Toma notas en el espacio de abajo sobre cómo se usaron.

práctico   Si algo es práctico, tiene un propósito útil.

operación   Una operación es un trabajo o una tarea que se pone en práctica.

inmaculado   Algo inmaculado no tiene errores ni defectos.

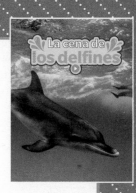

Conversación colaborativa

Trabaja en grupo y comenta las preguntas de abajo. Busca detalles y ejemplos en *La cena de los delfines* para apoyar tus respuestas. Toma notas para responder las preguntas. Durante la conversación, asegúrate de comentar tus ideas de manera que todos las comprendan.

1 ¿Cómo trabajan en equipo los delfines oscuros para conseguir comida para la cena?

2 ¿Por qué los delfines se envían señales entre sí? ¿Cómo lo hacen?

3 ¿A qué otro animal le gusta la misma comida que a los delfines? ¿Por qué esos animales son un problema para los delfines?

Sugerencia para escuchar

Escucha con atención lo que dicen los demás sobre tus comentarios. Si no entendieron algo, piensa en otra manera de decirlo o añade detalles para aclarar tus ideas.

Sugerencia para hablar

Cuando hables, usa oraciones completas y gramática correcta. Puede ser útil para tus oyentes incluir algunas palabras científicas tomadas del video.

Escribir un cuento de fantasía

TEMA PARA DESARROLLAR

En *La cena de los delfines*, viste cómo se comunican y trabajan juntos los delfines.

Imagina qué dirían los delfines si hablaran español. Usa detalles del video para escribir un cuento de fantasía para la biblioteca de la clase. Incluye un problema que los delfines deben resolver y diálogos que muestren cómo lo hacen. Puedes añadir ilustraciones para que el texto sea un cuento ilustrado. No olvides usar algunas de las palabras del Vocabulario crítico en el texto.

PLANIFICAR

Toma notas para describir los detalles importantes sobre la comunicación de los delfines que se mencionan en el video. Luego piensa en cómo podrías usar esta información como base para un cuento de fantasía.

24   Wangari era una estudiante excelente y su materia favorita eran las ciencias. Le encantaba, especialmente, estudiar a los seres vivos. Aprendió que el aire estaba formado por dos moléculas de oxígeno unidas. Los cuerpos estaban formados por células. Las hojas cambiaban de color por la fotosíntesis.

25   Cerca de la graduación, Wangari les contó a sus amigas que quería ser bióloga.

26   —No hay muchas mujeres nativas que sean científicas —le dijeron.

27   —Yo lo seré —respondió ella.

28   Para estudiar biología, Wangari debía viajar al otro lado del mundo, a Estados Unidos. Nunca había salido de Kenia y no tenía mucho dinero. Pero con la ayuda de sus maestros, ganó una beca para estudiar en una universidad en Kansas.

29   Estados Unidos era muy diferente de Kenia. En la universidad, muchas de las profesoras de ciencias de Wangari eran mujeres. De ellas aprendió que una mujer podía hacer cualquier cosa que quisiera, aunque nadie lo hubiera hecho antes. Mientras Wangari descubría cómo se movían las moléculas debajo de la lente del microscopio y cómo se dividían las células en las placas de Petri, también se convirtió en una científica con gran fortaleza.

30   Cuando se graduó de la universidad, Wangari viajó a Pensilvania para continuar sus estudios. Las cartas que le llegaban de su hogar le contaban sobre los cambios en Kenia. Habían elegido a un presidente kikuyu, Jomo Kenyatta. Orgullosa de su país y de ser kikuyu, Wangari decidió volver a su hogar en Kenia para ayudar a su pueblo.

31   Estados Unidos había cambiado a Wangari. Wangari había descubierto un espíritu de posibilidades y libertad que quería compartir con las mujeres de Kenia. Aceptó un trabajo como profesora en la Universidad de Nairobi. En ese momento, no había muchas profesoras mujeres y menos aún que enseñaran ciencias. Wangari abrió el camino para que las mujeres científicas fueran tratadas con el mismo respeto con el que se trataba a los hombres.

21   —Ve —dijo su mamá. Tomó un puñado de tierra y lo puso en la mano de su hija—. Donde tú vayas, iremos nosotros.

22   Wangari estaba triste por tener que irse, pero sabía que lo que su mamá le dijo era cierto. No importaba adónde fuera Wangari; su familia, su aldea y su forma de vida kikuyu irían con ella. Saludó con un beso a su familia y le dijo adiós al árbol mugumo, recordando su promesa de protegerlo siempre.

23   La nueva vida de Wangari en la ciudad la llenaba de asombro. En lugar de árboles, eran rascacielos los que se elevaban por encima de su cabeza. Las personas iban por las calles a toda velocidad, tal como el agua del río corre entre las piedras. En la escuela, Wangari vivía con otras niñas como ella: todas trataban de encontrar el hilo entre las costumbres de su aldea y las costumbres nuevas de la ciudad. Por la noche, cuando las niñas dormían, Wangari soñaba con su hogar y con los higos dulces del árbol mugumo. Sus sueños le recordaban que debía seguir su tradición kikuyu de respetar a todos los seres vivos.

La lección de Cooper

escrito por **Sun Yung Shin**

ilustrado por **Kim Cogan**

1 **C**ooper sentía el peso del dinero de su mesada en el bolsillo. Le puso la correa a su perro, Catso, y se ató los cordones.

2   —¡Vuelve a casa para la cena! —dijo su papá.

3   —¡Cooper! —exclamó la mamá—. ¿Podrías comprar jengibre en la tienda del señor Yi? ¡*Kamsahamnida!*

4   Cooper suspiró. Su mamá siempre insistía en hablar solo en coreano con el señor Yi, aunque Cooper no entendía casi nada. Una vez, el señor Yi lo había regañado (en coreano) por no hablar en coreano. Desde entonces, a Cooper no le gustaba mucho pasar por su tienda.

5   —¡Sí, mamá! —dijo Cooper mirando hacia atrás, mientras él y Catso salían a pasear por el vecindario.

6   En el escaparate de la tienda del señor Yi, habían puesto un cartel del nuevo gimnasio de Tae Kwon Do. Los dos niños del cartel tenían el cabello negro y la piel entre amarillenta y amarronada.

7   Cooper miró su propio reflejo en el vidrio del escaparate. Tenía cabello castaño y pecas. La abuela Park siempre le decía: "¡Qué clara es tu piel!". Y la abuela Daly siempre le decía: "¡Qué amarronada es tu piel!". Un primo siempre le decía en broma que era "mitad y mitad".

8   Cooper frunció el ceño. En el escaparate, las pilas de cajas de *insam* en polvo y las barras de jabón envueltas en papel rojo y blanco parecían una copia perfecta de edificios en miniatura.

9   Cooper ató la correa de Catso en una señal de prohibido estacionar y entró.

10   La tienda estaba llena de familias que recorrían los pasillos, divertidas y sonrientes. Las madres inspeccionaban con cuidado las hojas y raíces de las verduras o apretaban melones redondos y dulces. Los padres examinaban los peces de la pecera y buscaban los más grandes y vigorosos.

> **inspeccionaban**   Si inspeccionabas algo, lo mirabas con atención para ver su calidad.
>
> **vigorosos**   Las personas o los animales vigorosos están llenos de fuerza y energía.

11 A Cooper le zumbaban los oídos. Se dio cuenta de que era la primera vez que entraba allí sin su mamá. "Parece que todos se sienten bien aquí", pensó. Una mujer que llevaba en brazos a un bebé dormido le sonrió y le dijo:

12 —*An yong*.

13 —Ho-hola —tartamudeó Cooper. Se puso colorado y añadió en voz baja—: *An yong ha se oh*. —Pero la mujer ya había salido de la tienda.

14 Cooper pasó junto a las cajas de té verde y los paquetes de galletas de camarones, y se detuvo frente a los cepillos y broches para el cabello.

15 Recordó que la semana anterior había salido a cepillar a Catso. Había tomado el primer cepillo que encontró (el de su mamá) y había cepillado a Catso durante media hora hasta que el pelo le quedó brillante.

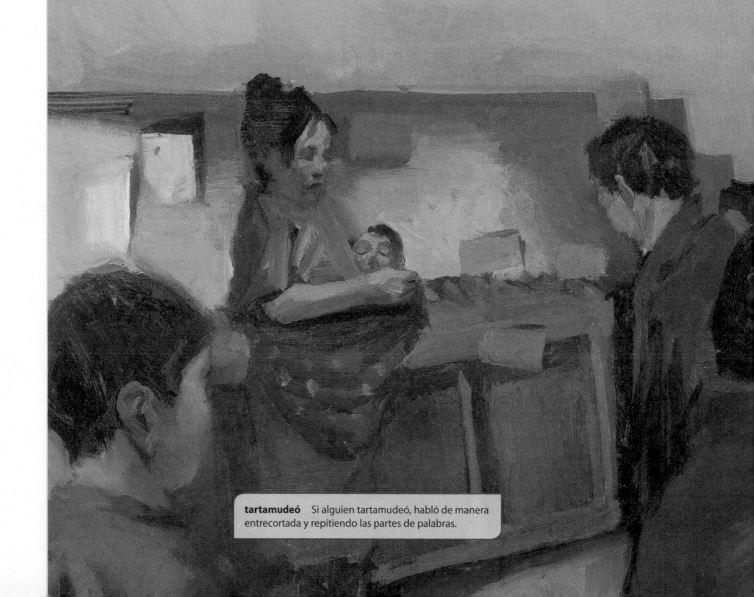

tartamudeó Si alguien tartamudeó, habló de manera entrecortada y repitiendo las partes de palabras.

16 A la mañana siguiente, cuando Cooper se fue a la escuela, su mamá encontró su cepillo en la mesa de la entrada, lleno de los pelos marrones y blancos de Catso.

17 —¡Cooper! ¡Arruinaste mi cepillo! —le había dicho la mamá.

18 "Ya sé", pensó él. "¡Le compraré un cepillo nuevo con el dinero de mi mesada!". Cooper sonrió.

19 Pero se le cayó el alma a los pies cuando vio que hasta el cepillo más pequeño costaba más que los tres dólares que tenía en el bolsillo.

20 El señor Yi le dijo algo en coreano desde la caja, pero hablaba demasiado rápido y Cooper no llegaba a entenderlo.

21 El señor Yi se acercó. "¿Se estará riendo de mí?", se preguntó Cooper.

22 Quería responderle en coreano o en inglés, lo que fuera, pero sentía la lengua pesada y quieta como un pescado muerto. Lamentó no haber prestado atención cuando su mamá trató de enseñarle coreano. El señor Yi lo miraba expectante.

expectante   Si estás expectante, esperas que pase algo.

23   —Eh… ¿Estos son los únicos que tiene? —por fin dijo Cooper, con la voz finísima.

24   El señor Yi frunció el ceño y dijo:

25   —*Ye. ¿Mullon imnida?* —Como Cooper no respondió, el señor Yi movió la cabeza de un lado al otro y se alejó.

26   De pronto, a Cooper le pareció que las letras coreanas de las latas y las cajas se salían de las etiquetas y se movían en el aire. Sintió que los pasillos se le venían encima.

27   Tocó el dinero que tenía en el bolsillo. "¡La mesada no me alcanza para nada!".

28   Miró al señor Yi y se preguntó: "¿Por qué no me hablará en inglés?". Cooper sintió que la piel le quemaba.

29   De repente, su mano se estiró y tomó el cepillo más grande que había. Como entre sueños, Cooper caminó hacia la puerta.

30   Ya estaba casi afuera cuando sintió que una mano lo tomaba del hombro.

31   —¿Qué tienes allí?

32   —Na-nada —tartamudeó Cooper, con los ojos muy abiertos. ¿Desde cuándo el señor Yi hablaba en inglés?

33   El señor Yi le quitó el cepillo de la mano.

34   —¡E-era para mi mamá!

35   El señor Yi se agachó para mirar a Cooper.

36   —¿A tu mamá le gustaría que robaras algo para ella? ¿Es eso lo que te enseña?

37   —No… —dijo Cooper y se puso colorado hasta las orejas.

38   —¿Tienes alguna otra "nada" en el bolsillo? —preguntó el señor Yi. Cooper sacó el dinero de la mesada. El señor Yi movió la cabeza dudando de su palabra—. Ven conmigo —suspiró.

39   El señor Yi le dio a Cooper una escoba.

40   —¿Sabes cómo se usa? —le preguntó. Cooper dijo que sí con la cabeza. No le salía la voz. Nunca se había sentido tan avergonzado.

41   Cooper barrió. Y barrió. Y barrió un poco más.

42   Después de echar en el bote de la basura todo el polvo que se había acumulado en el día, Cooper se paró frente al señor Yi sin saber qué hacer ni decir.

43   —Vuelve mañana a la misma hora —dijo el señor Yi, con una mirada tal que Cooper sintió que era mejor obedecerle.

44   A Cooper le dolía el estómago de pensar qué le diría a su mamá. ¿La llamaría el señor Yi antes de que él llegara a su casa?

45   Cooper cerró la puerta de entrada suavemente, tratando de hacer silencio, pero algo de ruido hizo.

46   —¡Qué bueno que ya volviste, Cooper! Necesitamos el jengibre. ¡Rápido! —dijo su mamá desde la cocina.

47   A Cooper se le cruzaron por la mente las imágenes de lo que había pasado esa tarde: la mesada que no le alcanzaba, el cepillo, la escoba…

48   —Ay, no —se quejó, apoyando el mentón contra el pecho.

49   —¿Te olvidaste? ¡*Aigo*! ¿Qué estuviste haciendo todo este tiempo? —preguntó la mamá. Cooper quería disculparse, pero ella ya estaba de vuelta en la cocina. Otra vez, la lengua le había fallado. Le contaría sobre el señor Yi y el cepillo mañana.

50   Al día siguiente, después de la escuela, Cooper llegó a la tienda del señor Yi arrastrando los pies.

51   El señor Yi le indicó cómo poner las latas en los estantes con las etiquetas perfectamente alineadas. Le habló primero en coreano y luego en inglés. Cooper lo intentó. El señor Yi hizo un gesto de aprobación con la cabeza y se alejó.

52   Después de poner la última lata en el estante, Cooper se quedó mirando al señor Yi mientras hablaba con los clientes en la caja. De repente se dio cuenta de que, si prestaba mucha atención, a veces entendía lo que decían.

53   De camino a su casa, Cooper pasó junto a un roble lleno de hojas. *Namu*. Se sorprendió cuando la palabra que significa *árbol* en coreano apareció de repente en su mente, como un pez que salta por la superficie de un lago tranquilo.

---

indicó   Si una persona indicó cómo hacer algo, mostró cómo hacerlo.

54 —Al final de la semana, Cooper ya no iba a la tienda del señor Yi arrastrando los pies. Hasta se dio cuenta de que silbaba mientras barría.

55 El señor Yi se acercó. Su rostro cansado era amable. El señor Yi se agachó para mirar a Cooper a los ojos y dijo:

56 —¿Y bien? ¿Estás listo para contarme por qué trataste de robarme?

57 —¡No lo sé! —dijo Cooper, aunque sentía que quizás sí sabía—. Lo siento. Creí que usted se estaba burlando de mí porque yo no hablaba coreano. Me enojé.

58 —Aunque no lo creas, entiendo cómo te sentiste —dijo el señor Yi—, pero robar no está bien.

59 —Lo sé —dijo Cooper en voz baja.

60 —Bien —dijo el señor Yi—. Quizás no eres un caso perdido después de todo.

61 De pronto, el señor Yi le pidió a Cooper que fuera con él hasta la caja. Tomó un álbum que estaba debajo del mostrador y le enseñó la foto de un joven vestido con una chaqueta blanca junto a un edificio moderno. Sobre la puerta había un cartel escrito en coreano. Cooper abrió los ojos y dijo:

62 —¿Es este usted?

63 El señor Yi dijo que sí con la cabeza.

64 —Cuando era químico en Corea, tenía el laboratorio más limpio de la compañía.

65 —¿Usted era químico?

66 —Sí, pero cuando vine aquí, tuve que aprender un idioma nuevo.

67 —¡Pero el inglés es fácil! —exclamó Cooper.

68 —Sí… Tan fácil como el coreano —rio el señor Yi. Cooper se puso colorado—. De todas formas, ahora hablo los dos idiomas. Y ahora que soy ciudadano, soy coreano y estadounidense.

69 —Creo que yo también, pero las personas me preguntan todo el tiempo de dónde soy —dijo Cooper.

70 —¿Y tú qué les dices? —preguntó el señor Yi.

71 —Que soy de aquí, pero luego me dicen: "No, pero, ¿de dónde son tus padres?". A veces, siento que no puedo decir que soy coreano si no sé hablar el idioma. Pero me miran raro si digo que soy estadounidense, aunque lo sea. —Cooper volvió a mirar el álbum de fotos. Se preguntaba si las personas también miraban raro al señor Yi cuando decía que era coreano y estadounidense.

72 —A las personas les gustan las cosas simples y fáciles de rotular —suspiró el señor Yi.

73   —A veces, desearía ser o una cosa o la otra. Así sería más fácil —dijo Cooper.

74   —¿Ah, sí? ¿Te gustaría ser igual a todos los demás, como las latas de este estante o como todos esos pescados congelados?

75   Cooper frunció la nariz. Se oyó la campanilla de la puerta.

76   —¡Aquí estás! —dijo una voz desde atrás.

77   —¡Mamá! Estaba… por comprar el jengibre. Quiero decir, *saenggang* —dijo Cooper mientras elegía un pedazo grande y sacaba del bolsillo un billete de un dólar. La mamá se sorprendió. Luego sonrió y dijo:

78   —Bueno, más vale tarde que nunca.

79   La mamá se puso a hablar en coreano con el señor Yi mientras él cerraba la tienda. Él respondió en inglés:

80   —Gracias, me encantaría cenar con ustedes. Y, quizás, en el camino, Cooper puede decirle por qué ha estado tanto por aquí últimamente. ¿Verdad, Cooper? —dijo el señor Yi.

81   Cooper miró a su mamá, que lo observaba con curiosidad. De repente, sintió que ya era mayor.

82   Salieron de la tienda y Cooper empezó a preguntar:

83   —¿*Igosul Hanguk-o-ro mworago malhamnikka?* (¿Cómo se dice esto en coreano?). —Cooper se sentía raro hablando en coreano, pero se esforzó para decir las palabras correctas.

84   Su mamá lo miró aún más sorprendida.

85   —Bueno, dime lo que es y lo descubriremos juntos —le dijo. El señor Yi hizo un gesto de aprobación.

86   El sol caía a sus espaldas. Mientras caminaban, el dulce sonido de sus palabras se mezclaba con la brisa suave de la tarde.

Responder al texto

Conversación colaborativa

Vuelve a leer lo que escribiste en la página 344. Dile a un compañero dos cosas que aprendiste sobre Cooper. Luego trabaja en grupo y comenta las preguntas de abajo. Busca detalles y ejemplos en *La lección de Cooper* para explicar tus respuestas. Toma notas para responder las preguntas y úsalas cuando hables.

1. Repasa las páginas 347 y 348. ¿Por qué a Cooper no le gustaba ir a la tienda del señor Yi?

2. Vuelve a leer las páginas 349 y 350. ¿Qué detalles del texto muestran por qué Cooper decidió tomar el cepillo?

3. ¿Qué aprende Cooper del señor Yi?

Sugerencia para escuchar

Presta mucha atención a lo que dice cada uno. Luego intenta pensar en otros detalles sobre el mismo tema tomados del texto.

Sugerencia para hablar

Conecta las ideas que tú comentas con lo que ya dijeron otros integrantes del grupo.

Escribir una secuela

TEMA PARA DESARROLLAR

En *La lección de Cooper,* leíste sobre las aventuras de un niño y las lecciones que aprende en el camino.

Imagina que la autora pidió a los lectores que aporten ideas acerca de las aventuras que podría tener Cooper después. ¿Qué podría hacer como consecuencia de lo que aprendió? Continúa la historia contando lo que hace Cooper días o semanas después de que termina *La lección de Cooper.* No olvides usar algunas de las palabras del Vocabulario crítico en el texto.

PLANIFICAR

Toma notas para describir las características clave de Cooper y la lección que aprende. Luego toma notas de lo que piensas que le sucederá en los días o las semanas siguientes.

ESCRIBIR ···

Ahora escribe tu secuela sobre lo que le sucedió a Cooper después.

Asegúrate de que tu secuela

☐ se basa en los personajes y detalles de *La lección de Cooper*.

☐ relata los acontecimientos en un orden que tiene sentido.

☐ incluye diálogos y descripciones para mostrar cómo Cooper cambia por causa de la lección que aprende.

☐ termina con una conclusión lógica a partir de los acontecimientos que ocurren en tu secuela.

Pregunta esencial

¿Cuáles son las formas de comunicación?

Escribir un artículo informativo

TEMA PARA DESARROLLAR Piensa en lo que aprendiste al leer *Un nuevo lenguaje ¡inventado por los niños!* y ver el video *La cena de los delfines* de este módulo.

Imagina que la biblioteca local realizará una exhibición sobre la comunicación. Escribe un artículo para la exhibición sobre formas poco comunes o inesperadas de comunicación. Cuenta qué cosas se pueden lograr con estas formas de comunicación. Usa datos y ejemplos tomados del texto y el video para apoyar tus ideas. No olvides usar algunas de las palabras del Vocabulario crítico en tu artículo.

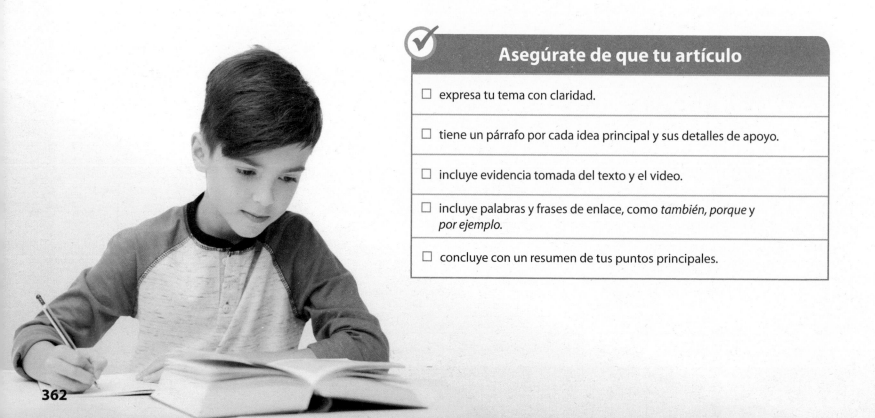

Asegúrate de que tu artículo

☐ expresa tu tema con claridad.

☐ tiene un párrafo por cada idea principal y sus detalles de apoyo.

☐ incluye evidencia tomada del texto y el video.

☐ incluye palabras y frases de enlace, como *también*, *porque* y *por ejemplo*.

☐ concluye con un resumen de tus puntos principales.

¿Qué ideas presentarás? Vuelve a leer tus notas y repasa el texto y el video para buscar detalles que describan formas poco comunes o inesperadas de comunicación.

Mientras planificas, elige los tipos de comunicación sobre los que quieres escribir. Luego, busca datos, ejemplos y otros detalles sobre este tipo de comunicación. Usa la red de abajo para anotar el tipo de comunicación en el círculo del medio, y los datos, detalles, ejemplos y otros detalles en los círculos de alrededor. Usa una red distinta para cada tipo de comunicación.

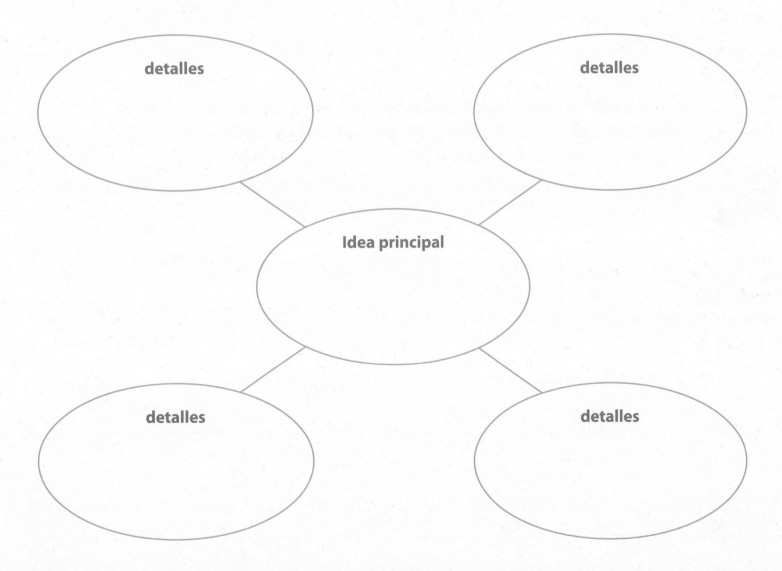

HACER UN BORRADOR ···································· Escribe tu artículo informativo.

Escribe una **introducción** sólida que exprese con claridad el tema y permita
a los lectores saber de qué tratará el artículo.

En cada **párrafo central**, presenta una idea principal, o uno de los tipos de
comunicación sobre los que escribirás, y datos, ejemplos y otros detalles que apoyen
tu idea. Conecta tus ideas con palabras o frases como *por ejemplo, además* y *otro*.

Escribe una **conclusión** que resuma tus ideas principales e ideas clave.

En los pasos de revisión y edición puedes leer con atención tu borrador y hacer cambios. Con un compañero, decide si has explicado tus ideas con claridad. Usa estas preguntas como ayuda para evaluar y mejorar tu artículo.

✓ PROPÓSITO/ ENFOQUE	ORGANIZACIÓN	EVIDENCIA	LENGUAJE/ VOCABULARIO	CONVENCIONES
☐ ¿Expresé el tema con claridad? ☐ ¿No me desvié del tema?	☐ ¿Cada párrafo trata de una idea principal y sus detalles de apoyo? ☐ ¿Escribí una conclusión que resume mis ideas principales?	☐ ¿Usé datos, ejemplos y detalles tomados del texto y el video para apoyar mis ideas? ☐ ¿Elegí evidencia sólida de cada fuente?	☐ ¿Usé palabras y frases de enlace para mostrar cómo se relacionan mis ideas?	☐ ¿Usé correctamente los pronombres? ☐ ¿Comencé todos los párrafos nuevos con sangría? ☐ ¿Escribí todas las palabras con la ortografía correcta?

PRESENTAR ·· Comparte tu trabajo.

Crear la versión final Pasa en limpio tu artículo y elabora la versión final. Considera estas opciones para compartir tu texto:

1. Publica una copia ilustrada de tu artículo en el tablero de anuncios de la biblioteca.

2. Escanea o haz una copia digital de tu artículo y súbelo al sitio web de la escuela o la biblioteca.

3. Lee tu artículo en voz alta en un evento de la biblioteca. Invita a los asistentes a hacer preguntas al final y prepárate para contestarlas.

Glosario

A

abandonado *adj.* Si un lugar está abandonado, nadie lo cuida ni lo usa. Hay un carro abandonado en el campo.

abismo *s.* Un abismo es una grieta o apertura profunda en el suelo. Los excursionistas disfrutan de la belleza creada por el abismo.

acceder *v.* Si puedes acceder a algo, significa que eso está disponible o a tu alcance. Ricardo pudo acceder al periódico digital usando su computadora.

accidente geográfico *s.* Un accidente geográfico es un elemento natural de la superficie de la tierra, por ejemplo, una montaña. El accidente geográfico más alto del mundo es el Monte Everest.

admirable *adj.* Si haces algo admirable, lo haces muy bien y todos te felicitan. El oficial recibió muchas medallas por su admirable servicio en el ejército.

ancestros *s.* Tus ancestros son las personas de tu familia que vivieron hace mucho tiempo. Mi abuelo me dijo que mis ancestros vinieron de Europa hace más de cien años.

> **Origen de la palabra**
>
> **ancestros** La palabra *ancestros* proviene de la palabra latina *antecedere*. El prefijo *ante-* significa "antes" o "preceder". Por lo tanto, *ancestros* significa "las personas en tu familia que vinieron antes de ti o que te precedieron".

anonadada *adj.* Cuando estás anonadada, estás muy sorprendida. Mi hermana y yo estábamos anonadadas con el programa de la televisión.

apogeo *s.* El apogeo de algo es su momento de mayor popularidad o alcance. Los restaurantes suelen alcanzar su apogeo de ventas durante los meses de verano.

ardiente *adj.* Cuando algo está ardiente, está muy, muy caliente. Cuando el volcán hizo erupción, la lava ardiente fluía por sus laderas.

artificial *adj.* Algo artificial es algo que hizo el ser humano y no la naturaleza. Nuestra ropa y los rastrillos son artificiales, pero las hojas son naturales.

astuto *adj.* Alguien astuto es capaz de comprender rápidamente una situación para ganar ventaja. Sus astutas decisiones nos ayudaron a salir de una situación difícil.

austera *adj.* Una persona austera ahorra su dinero y compra solo lo que necesita. Al ser austero, Neal pudo ahorrar mucho dinero.

autónomos *adj.* Los aparatos autónomos se controlan a sí mismos. Las máquinas autónomas de la fábrica ensamblan autos.

autorización *s.* Si consigues autorización para hacer algo, la persona que está a cargo te permite hacerlo. David pide autorización para abrir el regalo.

autosuficiente *adj.* Si algo o alguien es autosuficiente, puede conseguir todo lo que necesita sin ayuda. Mi hermano es autosuficiente, puede planchar su ropa sin ayuda.

B

blog *s.* Si haces un blog, escribes regularmente entradas o artículos de tono informal en un sitio web. Los estudiantes crearon un blog sobre cómo cuidar un jardín comunitario.

C

cañón *s.* Un cañón es un valle profundo con laderas empinadas. Se sintió mareado cuando miró hacia abajo en el cañón.

carácter *s.* Tu carácter es tu forma de ser o hacer las cosas. Realmente disfruto estar con mi amiga Juanita porque tiene un lindo carácter.

centinelas *s.* Los centinelas son guardias que están de vigilancia en un sitio. El palacio tiene centinelas que montan guardia en la entrada.

cólera *s.* La cólera es una ira muy grande. Mi hermana mayor se llenó de cólera porque olvidó enviar por correo electrónico su tarea de escritura a su maestra.

colisión *s.* Una colisión ocurre cuando un objeto en movimiento se estrella contra algo. Los parachoques de goma suavizaban la colisión entre los carros de choque.

comestibles *adj.* Las cosas comestibles se pueden comer sin ningún problema. Algunas flores son comestibles.

Origen de la palabra

comestibles La palabra *comestibles* proviene del verbo latino *comedere*, que significa "comer" y el sufijo *ible*, que significa "que se puede". Por lo tanto, *comestibles* son aquellas cosas que se pueden comer.

---

complace *v.* Si algo te complace, te gusta o te satisface. Mamá hizo pasta para la cena porque es la comida que más complace a Nicholas.

compost *s.* El compost está formado por desechos de plantas y se usa para fertilizar el suelo. Usaremos el compost que hacemos en nuestra huerta de vegetales.

confirmó *v.* Si algo se confirmó, se vio de nuevo que era verdad. Aiko se puso feliz cuando su madre le confirmó que irían a visitar a los abuelos.

conservación *s.* La conservación es el acto de salvar y proteger el medio ambiente. Se está trabajando mucho por la conservación de la fauna de esta zona.

considerable *adj.* Si algo es de tamaño considerable, es bastante grande. Hay una diferencia considerable entre las puntas de estos lápices.

considerablemente *adv.* Si algo cambia considerablemente, el cambio es grande o importante. Cuando Kari practicó treinta minutos al día durante el verano, su ejecución de la flauta mejoró considerablemente.

correspondencia *s.* Cuando dos personas intercambian correspondencia, se envían cartas o correos electrónicos entre ellos. Asignaron a la clase intercambiar correspondencia con estudiantes de otra escuela durante todo el curso.

corrientes *s.* Las corrientes son movimientos del agua en un lago, un río o un océano. Las fuertes corrientes de agua empujan el kayak rápidamente río abajo.

culinarios *adj.* Algo culinario está relacionado con la cocina. En esta familia son todos muy culinarios porque les gusta mucho cocinar.

cumbre *s.* La cumbre de una montaña es la cima, o la parte más alta. La cumbre del Matterhorn tiene una forma única.

D

desanimada *adj.* Si una persona está desanimada, está triste y poco entusiasmada. Al ver la calificación de su examen de matemáticas, Zach hizo un gesto desanimado.

descartables *adj.* Las cosas descartables se arrojan a la basura una vez que se usaron. El bote de basura estaba repleto de cajas de cartón y envolturas descartables.

desconcertaban *v.* Si algo te desconcertaba, te sorprendía tanto que no sabías qué hacer. Nos desconcertaban las luces extrañas que vimos en el cielo.

desentrañar *v.* Averiguar o descubrir lo más dificultoso y oculto de algo. No podíamos desentrañar cómo la cabra se había quedado atascada en la cerca.

destellan *v.* Cuando las cosas destellan, despiden rayos de luz muy brillante. El faro destellaba en la oscura noche.

devastación *s.* Una devastación es un daño terrible o una destrucción completa. Muchos edificios fueron destruidos debido a la devastación causada por el tornado.

digerir *v.* Cuando digieres los alimentos, estos se mueven por tu cuerpo hacia tu estómago. Algunos alimentos, como la carne y el queso, se tardan más en digerir que otros.

diversa *adj.* Si algo es diverso, está formado por cosas diferentes entre sí. La vida en el océano es tan diversa que vi más de cuarenta tipos de peces en el acuario.

E

ecología *s.* La ecología es la relación entre los seres vivos en su medio ambiente. Escribí sobre la ecología de los bosques pluviales en mi proyecto de ciencias.

Origen de la palabra

ecología La palabra *ecología* proviene de la palabra griega *oikos*, que significa "casa" y el sufijo *-logia*, que significa "estudio de".

emiten *v.* Emitir algo es generar, producir o enviar. Las ovejas emiten balidos que las distinguen de otros animales.

en vano *f. adv.* Hacer algo en vano es decir o hacer algo que no servirá de nada. Todo el entrenamiento que hizo no fue en vano: ¡Marta puede levantar casi 100 libras!

erosión *s.* La erosión es el desgaste del suelo y la roca, provocado generalmente por el viento o el agua. La corriente constante de agua es la causa de la erosión de las rocas.

esplendor *s.* El esplendor de una cosa es su gran belleza o aspecto impresionante. Cuando entramos a la fiesta de la boda, nos sorprendió el esplendor de las decoraciones.

eterna *adj.* Si una cosa es eterna, no termina nunca y dura para siempre. Hay una llama eterna en el Cementerio Nacional de Arlington.

> **Origen de la palabra**
>
> **eterna** La palabra *eterna* proviene de la palabra latina *aeternus*, que significa "perpetuo".

evaluar *v.* Evaluar algo significa analizarlo con cuidado. En el camino a la escuela, nos detuvimos para evaluar si era seguro cruzar la calle.

exageración *s.* Una exageración describe algo como si fuera más grande o importante de lo que en realidad es. Decir que tu hermana es el doble de alta que tú es una exageración.

expectante *adj.* Si estás expectante, esperas que pase algo. George mira expectante dentro de la caja, deseando ver lo que hay.

exquisitas *adj.* Si una comida o bebida es exquisita, es deliciosa. Mi hermano y yo saboreamos las fresas que estaban exquisitas.

F

fascinantes *adj.* Las cosas que te resultan fascinantes te interesan mucho. A ella le pareció fascinante cómo podía ver todos los países del mundo en el globo terráqueo.

follaje *s.* El follaje es el conjunto de hojas de los árboles. Con el follaje de estos árboles se ha formado un techo hermoso.

fosa *s.* Una fosa es una hendidura o zanja profunda y alargada. Para cavar fosas largas se usa maquinaria pesada.

franca *adj.* Una persona franca dice lo que piensa aunque los demás no estén de acuerdo. Grace es franca y no le da miedo dar su opinión.

frecuencia *s.* Si se hace algo con frecuencia, se hace seguido. Viajo con frecuencia a otros países.

fuente *s.* Una fuente es el origen de algo o el lugar donde puedes encontrarlo; decimos que las plantas son una fuente de oxígeno porque producen oxígeno. Los ancianos son una fuente de sabiduría.

G

generosas *adj* Las personas generosas dan o comparten más de lo que es necesario. Me sorprendió lo generosos que fueron mis amigos en mi cumpleaños.

gestos *s.* Si haces gestos, haces movimientos con las manos o los brazos para transmitir un mensaje. Mi maestra hace muchos gestos con las manos cuando habla.

gratitud *s.* Cuando sientes gratitud por algo, estás agradecido. Theresa muestra su gratitud al darle un gran abrazo a su madre.

H

hallazgo *s.* Un hallazgo es un descubrimiento. Para Lucía fue un hallazgo ver las manzanas en las ramas de los manzanos.

hidratado *adj.* Cuando algo está hidratado, ha consumido mucha agua. A los jugadores se les da agua antes, durante y después de los partidos para que se mantengan hidratados.

I

impacto *s.* El impacto es el efecto que una cosa tiene sobre otra. La nevada tuvo un impacto en nuestros planes de viaje.

imprudente *adj.* Una persona imprudente hace cosas sin pensar en las consecuencias. Conducir y enviar mensajes de texto al mismo tiempo es una acción imprudente.

incrustados *adj.* Los objetos que están incrustados están metidos con firmeza dentro de algo que los rodea. La ostra creará una perla cuando un grano de arena quede incrustado en el tejido blando dentro de su caparazón.

indicó *v.* Si una persona indicó cómo hacer algo, mostró cómo hacerlo. La instructora indicó a sus estudiantes cómo hacer el paso de ballet.

influir *v.* Si influyes en las personas, usas tu poder o capacidad para cambiar su manera de pensar. La maestra de música de Daniela influye sobre ella para que toque el clarinete.

ingeniosa *adj.* Si una persona es ingeniosa, puede resolver problemas difíciles satisfactoriamente. Mi abuelo es muy ingenioso porque puede arreglar casi cualquier cosa que esté descompuesta.

inmaculado *adj.* Algo inmaculado no tiene errores ni defectos. El recital musical de Benjamín fue inmaculado y el público lo aplaudió con entusiasmo.

inspeccionaban *v.* Si inspeccionabas algo, lo mirabas con atención para ver su calidad. Para garantizar la seguridad de los niños en nuestra escuela, un técnico vino a inspeccionar todos los extinguidores de incendios y las alarmas.

instalan *v.* Si las personas instalan algo, lo ponen en un lugar y lo preparan para que pueda usarse. El trabajador instala la vidriera con cuidado.

instinto *s.* Un instinto es algo que sabes hacer naturalmente, sin que te tengan que enseñar. Los animales nacen con el instinto de hacer lo que sea necesario para sobrevivir.

L

lácteos *adj.* Los lácteos son la leche y los productos que se hacen con leche, como el yogur y el queso. Los quesos, la crema, el helado y algunos batidos son productos lácteos.

legendario *adj.* Si algo es legendario, es muy famoso y se han contado muchas cosas sobre eso. Muchas personas han leído la historia legendaria de Hércules.

lingüistas *s.* Los lingüistas son personas que estudian las lenguas y cómo están formadas. Mi tía y sus compañeros de trabajo son lingüistas que hablan y estudian muchas lenguas.

M

magra *adj.* Un alimento magro no tiene grasa. El pescado y los mariscos son comidas magras.

N

nativo *adj.* Algo que es nativo de un lugar nace naturalmente allí. La alpaca es un animal nativo de la región andina en América del Sur.

naturaleza *s.* La naturaleza de una persona es la clase de persona que es. Peter tiene muchos amigos debido a su naturaleza amable.

núcleo *s.* El núcleo es el centro de algo. Daniel se comió cada bocado de la deliciosa manzana y solo dejó el núcleo.

nutrición *s.* Si tienes una buena nutrición, comes los alimentos adecuados para mantenerte sano y crecer. La buena nutrición consiste en comer frutas y vegetales frescos y proteína magra.

O

oasis *s.* Un oasis es un sitio tranquilo y grato en medio de algo desagradable. A mi padre le gusta ir al parque porque es como un oasis donde se puede relajar.

obsesionada *adj.* Si una persona está obsesionada con algo, piensa en eso todo el tiempo. Mi hermana está obsesionada con tomar fotos.

ocultaba *v.* Si alguien ocultaba algo, lo escondía. Los niños se ocultaban para jugar al escondite.

ofender *v.* Algo que se dice para ofender, es algo que duele, enoja o insulta. Mi madre se ofende cuando un peluquero le corta mal el pelo.

Origen de la palabra

ofender La palabra *ofender* proviene de la palabra latina *offendere*, que significa "atacar o ir en contra".

---

operación *s.* Una operación es un trabajo o una tarea que se pone en práctica. Mi papá es ingeniero en una planta cuya operación principal es reciclar aluminio.

optado *v.* Si has optado por algo, lo has elegido. Después de pensarlo mucho, Pablo optó por ponerse los pantalones azules y la camisa de manga larga.

orgánica *adj.* Si una cosa es orgánica, está hecha de algo que está o estuvo vivo. La tierra está hecha de minerales y materia orgánica.

P

paisaje *s.* Un paisaje es un terreno que tiene características propias. El paisaje de un bosque está lleno de árboles.

Origen de la palabra

paisaje La palabra *paisaje* proviene de la palabra francesa *pays*, que significa "campo" y el sufijo *–aje*, que significa "conjunto de".

patente *s.* Si tienes la patente de un invento, eres la única persona que puede fabricarlo o venderlo. Mi tío es abogado y trabaja para ayudar a los inventores a escribir las patentes de sus inventos.

patrullaje *s.* Si alguien hace patrullaje por una zona, recorre el lugar o lo vigila para asegurarse de que esté todo bien. El policía y su perro hacían el patrullaje de las calles.

pintoresco *adj.* Si un paisaje es pintoresco, es tan bonito que podría ser un cuadro. La playa estaba rodeada de acantilados pintorescos.

plaga *s.* Una plaga es un conjunto de insectos o animales que destruyen los cultivos o molestan a las personas. Hay muchas plagas en el bosque que se comen las hojas de los árboles y los arbustos.

plantearon *v.* Si las personas plantearon una idea, la presentaron a los demás. Mamá planteó hacer una excursión en bicicleta para disfrutar del lindo día.

postura *s.* Tu postura frente a algo es tu opinión sobre eso. La entrenadora nos habla de la importancia de tener una actitud positiva y mantener una postura abierta ante las dificultades.

práctico *adj.* Si algo es práctico, tiene un propósito útil. Es muy práctico usar botas y un impermeable cuando llueve.

prehistóricos *adj.* Algo prehistórico es muy antiguo, anterior a la historia escrita. Los animales prehistóricos, como los dinosaurios, habitaron la Tierra mucho antes que las personas.

progresar *v.* Si progresas, avanzas o mejoras. Estudiar y graduarse de la escuela es una forma de progresar.

prohibidas *adj.* Las cosas prohibidas no están permitidas o no son aceptadas. Mi hermanita entra en el cuarto de mamá y usa su maquillaje, a pesar de que sabe que está prohibido.

publicación *s.* Una publicación es algo que se ha impreso en papel y puesto a la venta. Mi publicación favorita es un periódico que contiene artículos de autores locales.

R

reaccionó *v.* Si alguien reaccionó ante algo, actuó en respuesta a ello. El jugador de béisbol reaccionó con rapidez para eliminar al corredor que intentaba anotar una carrera.

reciclar *v.* Reciclar es un proceso por el cual una cosa que ya no sirve puede ser reutilizada. Acuérdate de reciclar el periódico después de leerlo.

reclutando *v.* Si estás reclutando personas, les estás pidiendo que te ayuden a hacer algo. Akari ha reclutado a sus amigas para que la ayuden a juntar latas para la recogida de alimentos.

remolinos *s.* Si algo hace remolinos, se mueve rápidamente en círculos. Mi madre hizo un pequeño remolino en la crema de su café.

remota *adj.* Si manejas algo de forma remota, lo controlas desde lejos. El coche de juguete se puede manejar por control remoto.

resplandece *v.* Si algo resplandece, brilla. La telaraña, cubierta de rocío, resplandece con el sol de la mañana.

resplandor *s.* El resplandor de algo es una luz muy fuerte y clara que sale de él. El resplandor del sol al anochecer hacía que el paisaje se viera espectacular.

S

santuario *s.* Un santuario es donde las personas o los animales van para estar fuera de peligro. Los elefantes que viven en un santuario están fuera de peligro.

se apoderó *v.* Si alguien se apoderó de algo, se lo quedó como si fuera de él. Kris se apoderó de muchos de los caramelos de la piñata que cayeron al suelo.

se desorientan *v.* Las criaturas que se desorientan están confundidas y no saben dónde están. La turista estaba desorientada y necesitaba mirar un mapa.

se escabulló *v.* Si algo o alguien se escabulló, se fue o se escapó sin que nadie se diera cuenta. La pastilla de jabón se me escabulló entre las manos cuando me las estaba lavando.

se marchitaron *v.* Si las plantas se marchitaron, es porque se secaron y murieron. Las flores del porche se marchitaron porque se nos olvidó echarles agua.

se mofó *v.* Si unas personas se mofaron de otra, se burlaron de ella. Cuando alguien se mofa de otro, lo hace sentir muy mal.

sostenible *adj.* Si usas un recurso natural que es sostenible, este es capaz de mantenerse en cierto nivel y no dañar el medio ambiente. Los granjeros están tratando de cultivar alimentos de una manera sostenible.

suculenta *adj.* Si una comida es suculenta, es sabrosa y nutritiva. Disfruté el sabor de la suculenta sandía mientras me deslizaba por la barbilla su jugo.

Origen de la palabra

suculenta La palabra *suculenta* proviene de la palabra latina *succulentus*, que significa "jugo".

---

sumergible *adj.* Si algo es sumergible, puede estar o funcionar debajo del agua. Cuando se bucea, es agradable usar una cámara sumergible.

supuso *v.* Si alguien supuso algo, creyó que era verdad sin tener pruebas. Cuando Matthew se fue a la cama, mamá supuso que dejaría de leer y se iría a dormir.

T

tartamudeó *v.* Si alguien tartamudeó, habló de manera entrecortada y repitiendo las partes de palabras. Lily estaba tan nerviosa al recitar su poema en clase que tartamudeó en las primeras líneas.

timador *s.* Un timador es un personaje que engaña a otros, normalmente para obtener algo de ellos. En las fábulas con frecuencia se representa al zorro como un hábil timador.

transmisión *s.* Cuando una estación de radio hace una transmisión, envía las noticias, música, etc. a su público. Robert escuchó la transmisión radiofónica del concierto.

transmitieron *v.* Si las personas transmitieron algo, lo enviaron de manera electrónica de un lugar a otro. Cuando terminé mi trabajo sobre el libro, se lo transmití electrónicamente a mi maestro.

> **Origen de la palabra**
>
> **transmitieron** La palabra base de *transmitieron* es el verbo *transmitir*, que proviene de la palabra latina *transmittere*. *Trans-* significa "a través" y *mittere-* significa "enviar".

transportar *v.* Cuando las cosas se transportan, se llevan de un lugar a otro. La mayor parte de la fruta que compramos se transporta a los Estados Unidos en barcos desde granjas de otros países.

tripulado *adj.* Si un vehículo es tripulado, lo conduce una persona. Nuestro vuelo fue especial porque el avión estaba tripulado solo por mujeres.

U

útiles *adj.* Las cosas útiles pueden ser de ayuda para algo. Mi padre toma el tren porque es el medio de transporte más útil para llegar al trabajo.

V

varada *adj.* Si una cosa está varada, está trabada y no puede salir de donde está. Mamá está varada porque su carro se descompuso en camino al trabajo.

vigorosos *adj.* Las personas o los animales vigorosos están llenos de fuerza y energía. Escogimos a nuestra cachorrita, Luna, porque era la más vigorosa de la camada.

vislumbrar *v.* Si vislumbras algo, lo miras desde la distancia o lo imaginas en el futuro. A Charlotte le gusta vislumbrarse en el futuro como una astronauta.

vitales *adj.* Las cosas que son vitales son muy necesarias o importantes. El agua es vital para todos los seres vivos.

Índice de títulos y autores

Reconocimientos

"Agua quieta" from *Animal Poems of the Iguazú/Animalario del Iguazú* by Francisco X. Alarcón. Text copyright © 2008 by Francisco X. Alarcón. Reprinted by permission of Children's Book Press, an imprint of Lee & Low Books Inc.

"Aurora Borealis" by Steven Withrow from *Book of Nature Poetry* edited by J. Patrick Lewis. Text copyright © by Steven Withrow. Translated and reprinted by permission of Steven Withrow.

The Battle of the Alamo by Amie Jane Leavitt. Copyright © 2008 by Capstone Press. Translated and reprinted by permission of Capstone Press Publishers.

The Beatles Were Fab (and They Were Funny) by Kathleen Krull and Paul Brewer, illustrated by Stacy Innerts. Text copyright © 2013 by Kathleen Krull and Paul Brewer. Illustrations © by Stacy Innerts. Translated and reprinted by permission of Houghton Mifflin Harcourt Publishing Company and Writer's House, LLC.

"Blind Ambition" by Matthew Cooper and Rachel Buchholz, illustrated by Karine Aigner, from *National Geographic Kids*, November 2008. Copyright © 2008 by the National Geographic Society. Translated and reprinted by permission of the National Geographic Society.

"Bug Bites" from *ASK Magazine,* Nov. /Dec. 2004. Text copyright © 2004 by Carus Publishing Company. Translated and reprinted by permission of Cricket Media. All Cricket Media material is copyrighted by Carus Publishing d/b/a Cricket Media, and/or various authors and illustrators. Any commercial use or distribution of material without permission is strictly prohibited. Please visit http://www.cricketmedia.com/info/licensing2 for licensing and http://www.cricketmedia.com for subscriptions.

Excerpt from *Catch Me If You Can* by Carol Schaffner. Text copyright © 2015 by Plays Magazine. Translated and reprinted by permission of *Plays, The Drama Magazine for Young People*/Sterling Partners, Inc.

Cooper's Lesson by Sun Yung Shin, illustrated by Kim Cogan. Text copyright © 2004 by Sun Yung Shing. Illustrations copyright © 2004 by Kim Cogan. Translated and reprinted by permission of Children's Books Press, an imprint of Lee & Low Books Inc.

Excerpt from *The Devil and Miss Prym* by Paulo Coelho. Text copyright © 2000 by Paulo Coelho. English translation copyright © 2000 by Amanca Hopkinson and Nick Caistor. Translated and reprinted by permission of HarperCollins Publishers and Sant Jordi Asociados.

Excerpt from *12 árboles amigos: juegos y retos etnobotánicos para Borikén* by María Benedetti and Jacqueline Negrón Flores, illustrated by Jacqueline Negrón Flores. Copyright © 2012 by María Benedetti and Jacqueline Negrón Flores. Reprinted by permission of María Benedetti and Jacqueline Negrón Flores.

"Eco Friendly Food" (excerpted and retitled from *A Teen Guide to Being Eco in Your Community*) by Cath Senker. Text copyright © 2013 by Capstone. Translated and reprinted by permission of Capstone Press Publishers.

"En los días del Rey Adobín" from *¡Cuidado con las Mujeres Astutas!,* folktales told by Joe Hayes. Illustrated by Vicki Trego Hill. Text copyright © 1994 by Joe Hayes. Illustrations copyright © 1994 by Vicki Trego Hill. Reprinted by permission of Cinco Puntos Press.

Excerpt from *Flora y Ulises: Las aventuras iluminadas*. Originally published in English as *Flora & Ulysses: The Illuminated Adventures* by Kate DiCamillo, illustrated by K. G. Campbell, translated by José Manuel Moreno Cidoncha. Text copyright © 2013 by Kate DiCamillo. Illustrations copyright © 2013 by K. G. Campbell. Reprinted by permission of Candlewick Press, Penguin Random House Audio Publishing Group, a division of Penguin Random House LLC, and Editorial Océano de México.

Excerpt from *The Game of Silence* by Louise Erdrich. Text copyright © 2005 by Louise Erdrich. Translated and reprinted by permission of HarperCollins Publishers.

Grand Canyon: A Trail Through Time by Linda Vieira, illustrated by Christopher Canyon. Text copyright © 1997 by Linda Vieira. Illustrations copyright © 1997 by Christopher Canyon. Translated and reprinted by permission of Bloomsbury Publishing LLC.

"The Great Barrier Reef" by Robert Schechter from the *Book of Nature Poetry,* edited by J. Patrick Lewis. Text copyright © by Robert Schechter. Published in 2015 by National Geographic Society. Translated and reprinted by permission of Robert Schechter.

Créditos de fotografías